Geronimo Stilton

Geronimo Stilton

LOS CHISTES MÁS MORROCOTUDOS

DESTINO

Título original: *1000 barzellette*
Ilustraciones © Achivio Piemme
www.geronimostilton.com
Destino Infantil & Juvenil
infoinfantilyjuvenil@planeta.es
www.planetadelibrosinfantilyjuvenil.com
www.planetadelibros.com
Editado por Editorial Planeta, S. A.

Avda. Diagonal, 662-664, 08034 Barcelona

Primera edición: febrero de 2014
Primera edición en esta presentación: septiembre de 2022
Cuarta impresión: julio de 2026
ISBN: 978-84-08-26263-3
Depósito legal: B. 12.646-2022
Impreso en España

El papel de este libro procede de bosques gestionados
de forma sostenible y de fuentes controladas.

ÍNDICE

Éste es un libro... ¡especial!

Queridos amigos roedores, ya nos conocemos, ¿verdad?
Espero que sí.
Para quienes no sepáis quién soy, ¡mi nombre es Stilton, *¡Geronimo Stilton!*
Dirijo *El Eco del Roedor*, el periódico más célebre de la Isla de los Ratones.
Me gustaría explicaros la historia de este

libro: es un libro especial, muuuy especial. Un libro escrito para un montón de amigos, nacido de las ganas de pasarlo bien. Así que poneos cómodos y escuchad con atención...

Todo comenzó la primavera pasada. Por entonces yo estaba acabando de escribir *Viaje en el tiempo*, un libro sobre los grandes misterios del pasado, donde explicaba las grandes aventuras que viví en la época de los dinosaurios de los egipcios y la Edad Media.

Encerrado en mi despacho, escribía desde primera hora la mañana hasta medianoche, sin parar.

¡Estaba atareadísimo!

Una mañana, mientras estaba escribiendo, entró en mi despacho Pinky Pick, mi ayudante editorial.

—¡Jefe, jefe, jefeeee! ¡He tenido una idea!

—Hummm, disculpa, pero ahora tengo trabajo —mascullé.

—¡Jefe, jefe, jefeee! —insistió ella—, ¡es una idea genial: organizaremos un concurso de chistes para nuestros lectores! Y publicaremos los más buenos.

—Lo siento, Pinky —refunfuñé—, pero ahora no puedo ocuparme de eso.

Ella me guiñó un ojo con gesto picarón:

—Jefe, si tú estás atareado ¿por qué no me encargo yo? ¿Quieres que me encargue yo? Me encargaré yo, ¡y ya verás qué exitazo! ¡Puedes apostar tus bigotes!

—Sí, sí, muy bien, muy bien, hazlo tú, ¿de acuerdo? —le dije, para zanjar el asunto.

—¡Vale, jefe! —gritó ella—. Yo me encargo de organizarlo, pero tú tendrás que

leerte los chistes, ¿eh, jefe? ¡Todos, todos, todos!

—¡Está bien, ya los leeré yo! —refunfuñé.

—¿Palabra de honor de roedor?

—¡Palabra de Stilton, Geronimo Stilton!

Ella esbozó una risita y salió de mi despacho en actitud triunfal.

Suspiré aliviado y seguí escribiendo.

Durante los días que siguieron me pareció oír que charlaban animadamente en el pasillo. Todos los diseñadores gráficos, los redactores, los correctores de pruebas de *El Eco del Roedor* se estaban tronchando de risa.

—¡Éste sí que es bueno..., ji, ji, ji!

Sin darle mayor importancia, imaginé que se trataría de los primeros chistes. Puede que recibiéramos unos cien, tal vez doscientos o, como mucho, mucho, mucho, doscientos cincuenta...

Una semana más tarde ya había terminado el *Viaje en el Tiempo*. Cuando salí del despacho estaba exhausto.

Miré por la ventana. Una furgoneta de correos se había detenido ante la editorial. ¡Qué raro!

Y a continuación se detuvo otra, y una tercera. ¡Qué curioso! Unos cuantos carteros empezaron a descargar sacas y más sacas de cartas, ¡qué extraño!

Inquieto, le pregunté a Pinky.

—¿Cuántas cartas han llegado a la redacción? ¿Mil?

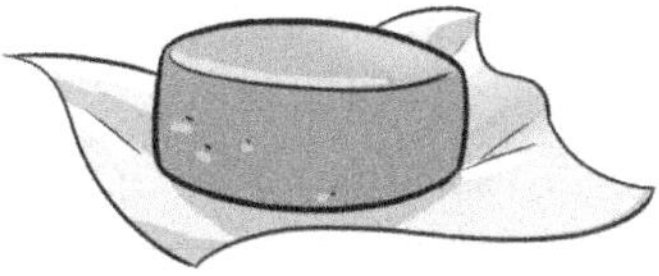

Ella se rió.

—Más...

—¿Dos mil? —pregunté con el semblante pálido.

—Más, más, más —dijo entre risas—. ¡El concurso de chistes ha tenido un éxito extraordinario!

Me quedé blanco como el papel.

—¿Tr...tres mil?

Pinky se puso a cantar y a bailar a ritmo de rap.

—Más, más, más, ¿no lo adivinas? ¡Lo tienes claro, vamos, piensa un poco, no seas raro!

Abrió de par en par la puerta de la sala de reuniones. Estaba llena a rebosar de sacas de correo, apiladas unas sobre otras hasta el techo.

Me temblaron los bigotes:

—¡Pero si hay una cantidad increíble!

—¡Y las leerás todas tú, jefe! —chilló Pinky—. Me lo prometiste.

Me desmayé.

Recobré la conciencia gracias a unas sales aromáticas de parmesano añejo.

Desesperado, llamé a mi hermana:

—¿Tea? He de leer más de treinta mil chistes que han enviado los lectores. ¿Podrías echarme una mano?

—Ahora voy, llegaré en seguida —dijo en una exhalación—. Y también traeré a Benjamín y a Trampita.

Suspiré aliviado. ¡Uno siempre puede contar con la familia!

Tea, Trampita y Benjamín llegaron al cabo de diez minutos.

—Geronimo, ¿cuál es el problema?

—Con un gesto de desesperación, les mostré la montaña de correo.

—¡He de leer y catalogar todos estos chistes!

Al momento, Tea se hizo cargo de la situación.

—¡Hermanitos, ya nos encargamos nosotros! Trampita, pon los chistes de colegio allí, los de terror, allá, los de colmos, aquí... ¡Y tú, Benjamín, empieza a abrir los sobres!

Necesitamos días y días para catalogar aquella inmensa montaña de papeles. ¡Aunque la verdad es que algunos chistes eran para morirse de la risa!

Lamentablemente sólo podía escoger quinientos. ¡Y elegirlos no resultó tarea fácil, eran tan divertidos...
Me di cuenta de que los chistes más buenos los habían enviado varios lectores al mismo tiempo.

Y ahora...
¡buena lectura!

CHISTES DE... ¡ENAMORADOS!

Un chico quiere casarse con una joven heredera, rica y de buena familia.
—¡Señorita, estoy locamente enamorado de usted!
—¿En qué trabaja?
—Soy empleado de banca.
—¿Ah, sí? ¿Y cuánto gana?
—Cobro setecientos euros al mes.
—Por favor, ¡si con eso no me alcanza ni para comprar jabón!
—¡Vaya, no sabía que fuera usted tan... *sucia*!

¡VAYA CON EL NOVIO!

—He venido a pedirle la mano de su hija.
—¿Cuál, la mayor o la menor?
—¡Caramba, *no sabía que su hija tuviera una mano más grande que la otra*!

AL PIE DE LA LETRA

—¡Elisa, te quiero, concédeme tu mano!
—Yo también te quiero, pero *¡las necesito las dos!*

CONSEJO DE TARTAMUDO

Un tartamudo se encuentra a un amigo por la calle:
—Ho-ho-hola, Ju-Ju-Juan, te-te ve-ve-veo mu-muy tri-tri-triste.
—Es que mi novia me ha dejado.
—Bu-bu-bueno, ho-ho-hombre, ha-hay ma-ma-más pe-pe-peces e-e-en e-e-el ma-ma-mar...
—¡Claro, *para ti es muy fácil decirlo*!

¡AH, EL AMOR!

—Querida —le dice un chico a su novia—: ¿Sabes que por las mañanas no desayuno?

—¿Por qué?

—¡Porque pienso en ti! ¡Y tampoco almuerzo!

—¿Por qué?

—¡Porque pienso en ti! ¡Y tampoco ceno!

—¿Por qué?

—¡Porque pienso en ti! Y por las noches no duermo.

—¿Porque piensas en mí?

—No, *¡porque tengo un hambre de lobos!*

UN AMOR ESPECIAL

—Buenos días, ¿tiene tarjetas de San Valentín que digan "Para mi único y verdadero amor"?

—Sí.

—*Pues deme ocho.*

¡QUÉ POÉTICO!

Dos enamorados están sentados en un banco, hay luna llena y se abrazan cariñosamente.

—Antonio, ¿no crees que mis ojos brillan como las estrellas?

—Sí, mi amor.

—¿Y no crees que mis cabellos parecen rayos de luna?

—Sí, mi amor...

—¿Y que mi boca parece una rosa recién abierta?

—Sí, mi amor...

—Oh, Antonio... *¡Tú sí que sabes decirme cosas bonitas!*

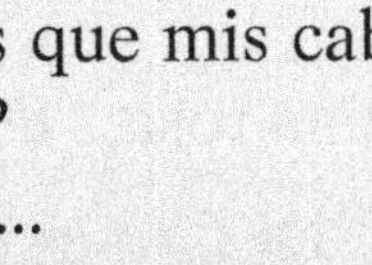

AMOR

SUCEDÁNEO

Una chica le explica a su amiga:

—Mi novio me ha regalado una preciosa rosa roja. Y me ha explicado que cuando la rosa pierda sus pétalos, vendrá a verme...

—¡Vaya, qué romántico! ¿Y por qué estás tan triste?

—¡Porque es una rosa... *de plástico*!

CHISTES DE... ¡ANIMALES!

¡SILENCIO!

¿Qué hace una vaca con los ojos cerrados?

Leche concentrada.

TRAGEDIA ANIMAL

Un gato y un gallo están andando por la barandilla de un puente. De repente, el gato cae al agua y empieza a gritar:

—¡Miaogo! ¡Miaogo!

Y el gallo contesta:

—¿Kikirikiaga? ¿Kikirikiaga?

FUNERAL DE... HORMIGAS

Un inglés, un francés y un español están en el límite de la selva. El inglés se adentra en la vegetación y regresa lleno de hormigas. El francés hace lo mismo y también vuelve lleno de hormigas. Cuando le llega el turno al español, regresa sin una sola hormiga encima.

Los otros le preguntan:

—¿Cómo lo has logrado?

Y el español les responde:

—Muy fácil, he matado una, y las otras... *¡han ido a su funeral!*

¿Qué le dice una chinche a otra chinche?
—Te amo *chincheramente.*

OCIO

Una mujer se encuentra una foca en la escalera de su casa, y no sabe qué hacer. Entonces, la portera la ve y le dice:
—Lo que usted debería hacer, doña Pepita, es llevarla al zoológico.
Tres días más tarde, la portera ve entrar a doña Pepita, que lleva la foca sujeta con una correa, y le pregunta:
—Pero ¿no iba a llevarla al zoo?
—¡Sí, pero hoy, para no repetir, *la he llevado al cine*!

¡MÁS PISTAS!

Un pingüino entra en un bar y le pregunta al camarero:
—Disculpe, ¿no habrá visto usted a mi hermano?
—Pues no sé... *¿cómo es?*

¡OH, NOOO!

Una pequeña serpiente le pregunta a su madre:
—Mamá, nosotras no somos venenosas, ¿verdad?
—¡Pues claro que sí, hija mía!
—¡Oh, nooooo! *¡Acabo de morderme la lengua!*

RANA ENTROMETIDA

Una rana entrometida va saltando por un prado cuando de pronto se topa con un animal y le pregunta:

—¿Quién eres?

Y el animal le responde:

—Soy un perro lobo.

—¿Y por qué te llamas así? —pregunta la rana.

—Porque mi padre es un perro y mi madre una loba.

La rana prosigue su paseo. Al cabo de poco vuelve a encontrarse con otro animal y le pregunta:

—¿Y tú quién eres?

El animal le responde:

—Soy un mosquito tigre.

—*¡Anda ya!, ¿y qué más?* —dice la rana, muerta de risa.

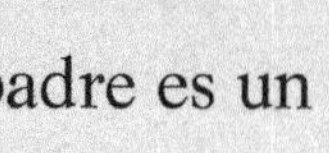

PASIÓN TAURINA

—¿A usted le gustan los toros?
—Sí, mucho.
—*Pues tiene el mismo gusto que las vacas.*

LAS VENTAJAS DE SABER IDIOMAS

Dos gatos están persiguiendo a un ratón. El ratón logra refugiarse en su guarida. Entonces, uno de los gatos empieza a chillar, como si fuera un ratón. El ratón siente curiosidad, asoma el hocico y el gato se lo zampa mientras le comenta a su amigo:
—Hoy en día *¡si no sabes idiomas, no comes!*

PUNTOS NEGROS

Una mariquita entra en una farmacia:
—Buenos días, ¿tiene una crema... *para estos puntos negros*?

PERRO BROMISTA

¿Qué le dice un perro a otro cuando están debajo del árbol de Navidad?
—*¡Por fin han encendido las luces del baño!*

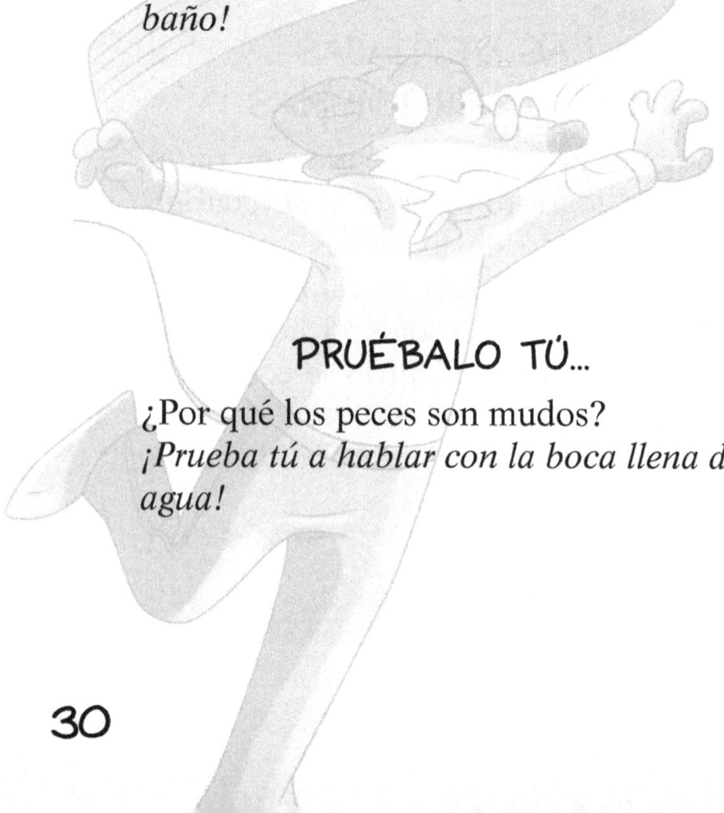

PRUÉBALO TÚ...

¿Por qué los peces son mudos?
¡Prueba tú a hablar con la boca llena de agua!

UN CABALLO QUE HABLA

Un caballo va al cine. Se pone en la cola y cuando le llega el turno le dice a la taquillera:
—Por favor, ¿podría darme una entrada?
La taquillera le responde:
—¡Cómo es posible! ¡Un caballo que habla!
—¡Sí, pero le prometo que durante la película me estaré calladito!

EL COLMO DE UN PEZ

¿Cuál es el colmo de un pez?
¡Ahogarse en un vaso de agua!

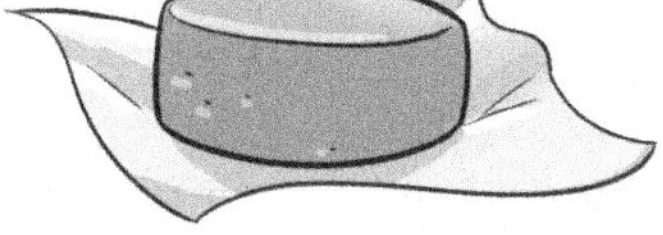

RESTAURANTES EXÓTICOS

Un cliente llama al camarero y le pregunta:
—¿Se puede saber por qué hay dos moscas en mi sopa?
—Señor, éste es un restaurante tailandés y nuestra especialidad es la cocina con insectos.
—Entiendo... Entonces *¿me podría decir por qué sólo hay dos moscas en mi sopa?*

GALLINAS

Una gallina le dice a la otra:
—¿Qué haces bajo la lluvia?
—*¡Es que quiero poner huevos pasados por agua!*

LA PALABRA JUSTA EN EL MOMENTO ADECUADO...

Un hombre va a comprar un caballo. El vendedor le dice que si quiere que galope tiene que decirle "Qué suerte" y, en cambio, para que se detenga, debe decirle "Socorro". El hombre se marcha, pero olvida las instrucciones que le ha indicado el vendedor. De repente, llega al borde de un precipicio y, asustado, grita "¡Socorro!", y el caballo se detiene. El hombre, aliviado, exclama "*¡Qué suerte!*"...

EN PAREJA

¿Cuál es el animal que anda siempre con una pata?
¡El pato!

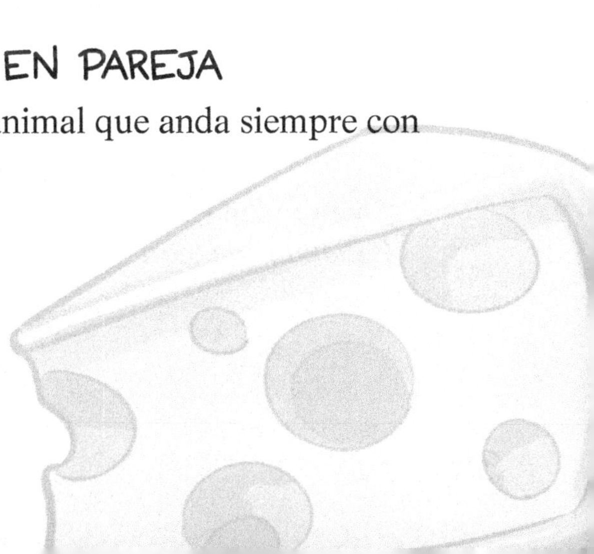

VAMOS

Un elefante que va corriendo por la selva aplasta un hormiguero. Todas las hormigas le saltan encima y empiezan a picarlo con furia. El elefante se sacude y las hace caer a todas menos a una, que está bien sujeta a su cuello.
Sus amigas, cuando la ven, le gritan:
—¡Eso es, *estrangúlalo*!

¡CUATRO!

¿Cómo meterías cuatro elefantes para que cupieran en un coche?
¡Dos delante y dos detrás!

PECES O...

¿Qué venden en una pescadería equina?
¡Caballitos de mar!

PESTE

¿Sabes por qué tenían el cuello tan largo los dinosaurios?
¡Porque los pies les olían fatal!

¡QUÉ ESNOB!

Una señora con aires de grandeza va a comprar a una frutería.
Su perrito chihuahua empieza a olisquear y a lamer la fruta, y el frutero, mosqueado, le llama la atención a la dueña de la mascota:
—¡Señora, haga el favor de controlar a su perro!
Ella se vuelve hacia el chihuahua y con voz afectada le dice:
—*Fifí*, deja de lamer la fruta... *¿No ves que no la han lavado?*

¡UNA BROMITA!

Un señor va al parque zoológico y ve tres monos. Al primero le pregunta:

—¿Cómo te llamas?

—Copito —responde el mono.

—¿Cuántos años tienes?

—Treinta y cinco.

—¿Sabes ir en bicicleta?

—Un poco.

Después le pregunta al segundo mono:

—¿Cómo te llamas?

—Copito —responde el mono.

—¿Cuántos años tienes?

—Treinta y cinco.

—¿Sabes ir en bicicleta?

—Un poco.

Intrigado, el señor se dirige al tercer mono y le dice:

—¿Cuántos años tienes?

—Copito —responde el mono.

—¿Cómo te llamas?

—Treinta y cinco.

—¿Me estás tomando el pelo?
—*Un poco.*

PINCHOS

¿Qué le dice un puercoespín a un cactus cuando se encuentran?
—¡Hombre, primo, *cuánto tiempo*!

¡SIEMPRE VOY YO!

Están dos ovejas jugando al fútbol y se les cuela el balón. Una le dice a la otra:
—¡Beeeee!
Y la otra le responde:
—*¡Veeeee túuuuu!*

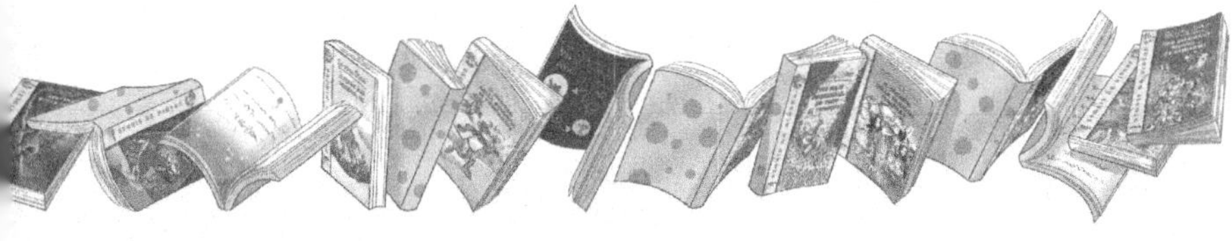

BUENA EDUCACIÓN

¿Qué le dice un jaguar a otro jaguar?
—*¿Jaguar you?*

COSAS DE ELEFANTES

Un elefante le pregunta a otro:
—¿Por qué no utilizas el ordenador?
—*¡Porque me da miedo el ratón!*

DUDA

Dos pulgas están paseando por el parque. Al cabo de un rato una le dice a la otra:
—¿Seguimos caminando o... *cogemos un perro*?

DIÁLOGO ABSURDO

Un ratón trastocado le dice a un gato majareta:

—Ayer vi a un perro montado en un patinete.

Y el gato le replica:

—¡Eso es imposible! *¿No ves que hoy está lloviendo?*

¡VAYA RESPUESTA!

Un perro se cruza con una gallina.

La gallina le dice al perro:

—¡Qué frío, hace un tiempo de perros!

Y el perro le responde:

—¡Sí, *yo tengo la piel de gallina*!

¡BEEE!

Una oveja le dice a otra:

—¿Sabes qué va muy bien cuando no puedes dormir?

—¿Qué?

—*¡Contar pastores!*

UN PERRO MUY EDUCADO

Un amigo le explica a otro:

—¿Recuerdas aquel perro tan agresivo que tenía? Pues lo he llevado a una escuela de adiestramiento para que lo eduquen.

—¿Y qué tal ha ido la cosa?

—¡De maravilla! Ahora, antes de morder a alguien, *¡le da los buenos días!*

CARNE ENLATADA

Mamá atún y su hijito atún están nadando tranquilamente. De pronto, el pequeño ve un submarino y le comenta a su madre:

—¡Mira, mamá, *hombres en lata*!

¿ESTÁ CIEGO?

Está una señora a la puerta de su casa con su gato. En eso que pasa un señor y le pregunta:

—¿Araña?

Y la señora responde, extrañada:

—No, *gato*.

AMIGOS

¿Quiénes son los mejores amigos de los canguros?

¡Los *salteadores de caminos*!

CANGURO

Un canguro se ha escapado del zoológico. El guarda lo encuentra y coloca unos barrotes de tres metros de altura para que no pueda escaparse de nuevo.
Pero el canguro vuelve a escaparse. Cuando da con el canguro, el guarda coloca unos barrotes de seis metros en la jaula, pero el animal se escapa otra vez.
Entonces el guarda coloca unos barrotes de doce metros de altura, pero el canguro huye de nuevo.
El guardia coloca unos barrotes de veinticuatro metros... pero el canguro se escapa otra vez, porque...
¡La puerta de la jaula estaba abierta!

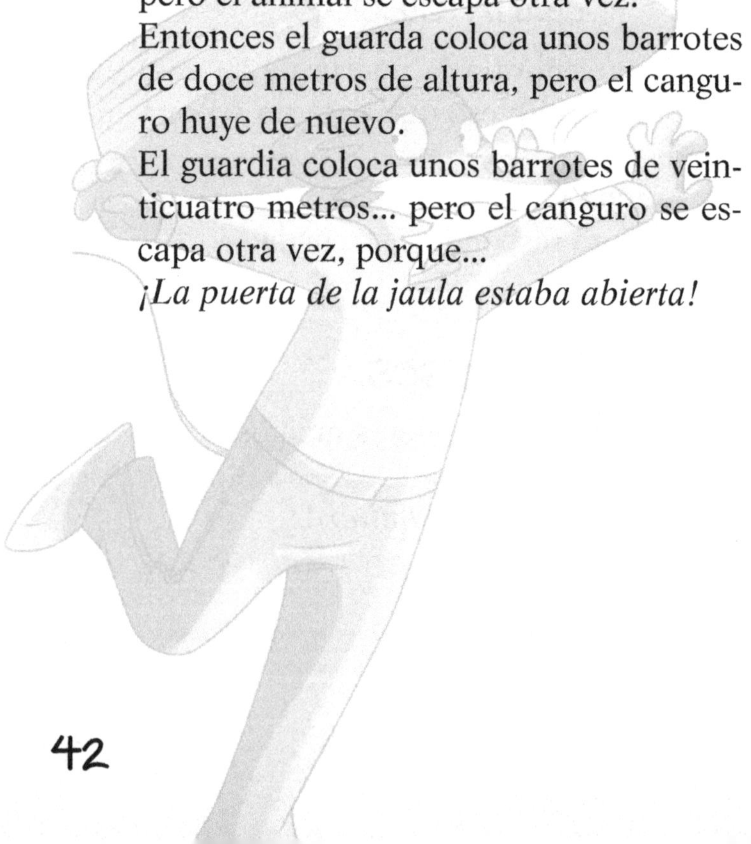

CÓMO PASA EL TIEMPO

El abuelo piojo está paseando con su nieto el piojito por la cabeza de un señor calvo. De repente se detiene y dice:
—Cuando yo tenía tu edad, *todo esto era un bosque...*

DEMASIADA VELOCIDAD

Van dos moscas en moto y la de atrás le dice a la que conduce:
—¡Para, para, *que se me ha metido un mosquito en el ojo*!

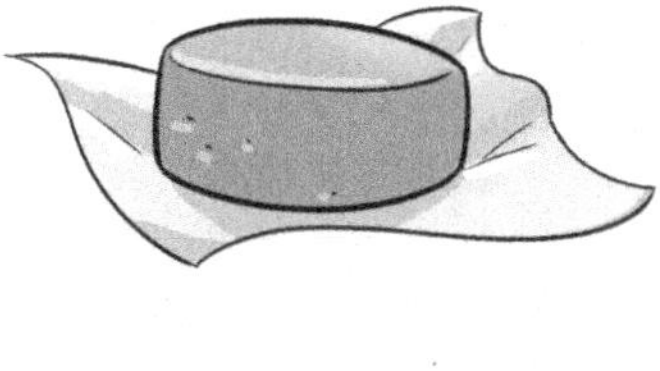

LARGO TROPIEZO

Esto era un ciempiés que iba andando por el bosque cuando, de repente, pisó una ramita y tropezó, y tropezó, y tropezó, y tropezó...

¡QUÉ PRECIOS!

Un hipopótamo entra en un bar y pide una naranjada. El camarero, aunque un poco extrañado, se la sirve y le dice:

—Son 10 euros.

El animal se la toma y paga. Cuando ya está saliendo del bar, el camarero va tras él y le dice:

—¿Sabe? Es la primera vez que veo un hipopótamo en mi bar...

Y el hipopótamo le responde contrariado:

—Y seguro que será la última, *¡con estos precios...!*

HUIDA

Un caracol se encuentra a una amiga que va sin caparazón y le pregunta:
—¿Adónde vas sin caparazón?
—¡Chissst! *¡Me he escapado de casa!*

¿Por qué los elefantes no van en bici?
Porque no tienen dedo pulgar para tocar el timbre.

PERROS INTELIGENTES

Mi perro es muy inteligente: cuando quiere entrar en casa, llama al timbre.
—¡Ah, pues nosotros *hemos preferido darle las llaves de casa*!

¡QUE NO SOY SORDO!

Un señor entra en una tienda de animales, se deja convencer por el vendedor y compra un ciempiés gigante que, según el dependiente, sabe cantar, bailar e incluso cuenta chistes.

Esa misma noche, el señor, muy emocionado, decide llevarlo a cenar a casa de unos amigos para poder exhibirlo. Cuando llega la hora, le dice:

—¿Qué, nos vamos?

Pero el ciempiés no contesta. Le vuelve a preguntar un montón de veces sin resultado alguno. Cuando ya creía que el vendedor le había tomado el pelo y que el ciempiés no hablaba, éste, por fin, le responde indignado:

—¡Eh, que no soy sordo! ¡Lo que pasa es que *aún me estoy atando los zapatos*!

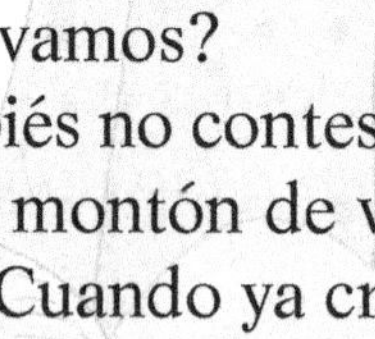

MANÍAS

Una señora muy fina se compra un loro. Pero el loro tiene la manía pasarse el santo día soltando palabrotas. Durante semanas, la señora se esfuerza en corregir la manía del loro. Cuando por fin considera que ya ha logrado educar a su mascota, invita a una amiga para mostrarle los resultados.

—Ahora, si tiras de su patita derecha, te recitará un poema. Si tiras de la izquierda, te propondrá una adivinanza.

—Y si tiro de las dos patas, ¿qué pasará?

—*¡Pues que me caeré al suelo, idiota!* —dice el loro hecho una furia.

¿POR QUÉ...?

¿Por qué en el Polo Sur los pingüinos no pueden hacer amigos?

Porque no pueden... *¡romper el hielo!*

ARDILLAS Y MAL ALIENTO

Una ardilla lee un artículo titulado: “Cada tres segundos se muere alguien”. Suspira y dice:
—Qué cruel es la vida. Cada vez que respiro se muere alguien.
Y entonces su amiga ardilla le dice:
—*Pues tal vez tendrías que lavarte más los dientes.*

GALLINAS

Dos gallinas pasan frente a un restaurante. Una le propone a la otra:
—¿Qué te parece? ¿Entramos?
Y la otra le responde:
—¡No, no, es demasiado caro! *¡Seguro que aquí nos despluman!*

ANTIGÜEDADES

¿Cuál es el animal más antiguo del mundo?
El oso panda, porque está en blanco y negro.

ASÍ CUALQUIERA...

¿Cuál es el animal que tiene más dientes?
El Ratoncito Pérez.

NOVIO PILOTO

Están dos ratas charlando cuando, de repente, les pasa volando por encima un murciélago, y una exclama:
—¿Qué era eso?
—Mi novio, *que es piloto.*

¿POR QUÉ?

¿Por qué las cebras no viven en la ciudad?
¡Porque los peatones las pisarían!

¡UF, PULGAS!

Un científico está examinando una pulga. Le grita:
—¡Salta!
Y la pulga salta. Vuelve a gritar:
—¡Salta!
Pero esta vez la pulga no salta porque se ha quedado pegada en la miel. El científico grita:
—¡Salta! ¡Salta! ¡Saltaaaa!
Pero la pulga sigue sin saltar. Entonces, el científico escribe: Resultado del experimento: *cuando la pulga come miel... ¡se queda sorda!*

PEQUEÑA VENTAJA

Hay una vaca, una gallina y un caballo y todos tiene 14 meses... ¿Cuál es el mayor? Pues la gallina, porque tiene 14 meses *¡y pico!*

AVESTRUCES ESTÚPIDOS

—Mamá, ¿es cierto que los avestruces entierran la cabeza bajo tierra?
—Sí.
—Y entonces, cuando ha pasado un rato, *¿cómo logran recordar dónde la han puesto?*

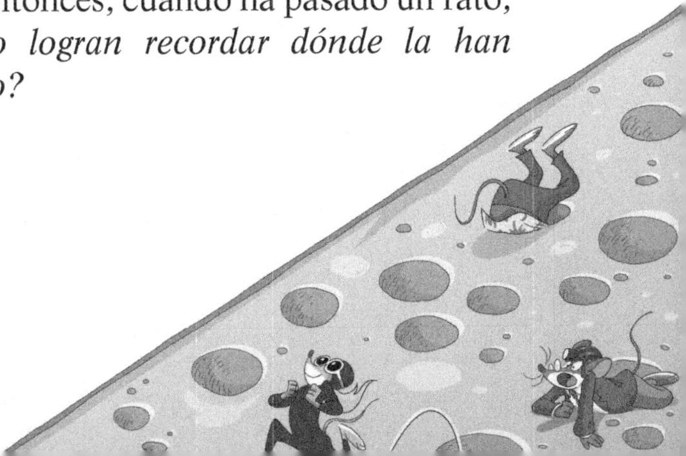

LA VACA PARLANTE

Esto es un pastor que está con su rebaño cuando, de repente, se acerca una vaca y le dice:

—¡Hooolaaaa, paaastoooor!

El pastor pega un grito y huye muerto de miedo junto a su perro, que también sale corriendo. Cuando han recorrido casi diez kilómetros, se detienen y dice el perro:

—¡Jolín, *no veas el susto que nos ha dado la vaca*!

POBRE PATO

¿Qué pasa si tiras un pato al agua?

¡Nada!

EN LA TIENDA

—¿Puede garantizarme que este loro habla?
—Por supuesto, imagínese: *¡vino desde el Amazonas hasta aquí preguntando el camino!*

¿QUÉ ESPERA...?

¿Qué espera encontrar un castor bajo el árbol de Navidad?
¡El tronco!

TRUCOS DE MAGIA

Un conejito le pregunta a su madre:
—Ahora que ya soy mayor, dime la verdad: ¿es cierto que nací... *en el sombrero de un mago*?

¡CHISTES ABSURDOS!

PISCINA

En la piscina, un hombre que está nadando le pregunta a otro, que está sentado en un banco fuera de la piscina:
—Y usted ¿no nada nada?
Y el otro le responde:
—¡No, *no traje traje*!

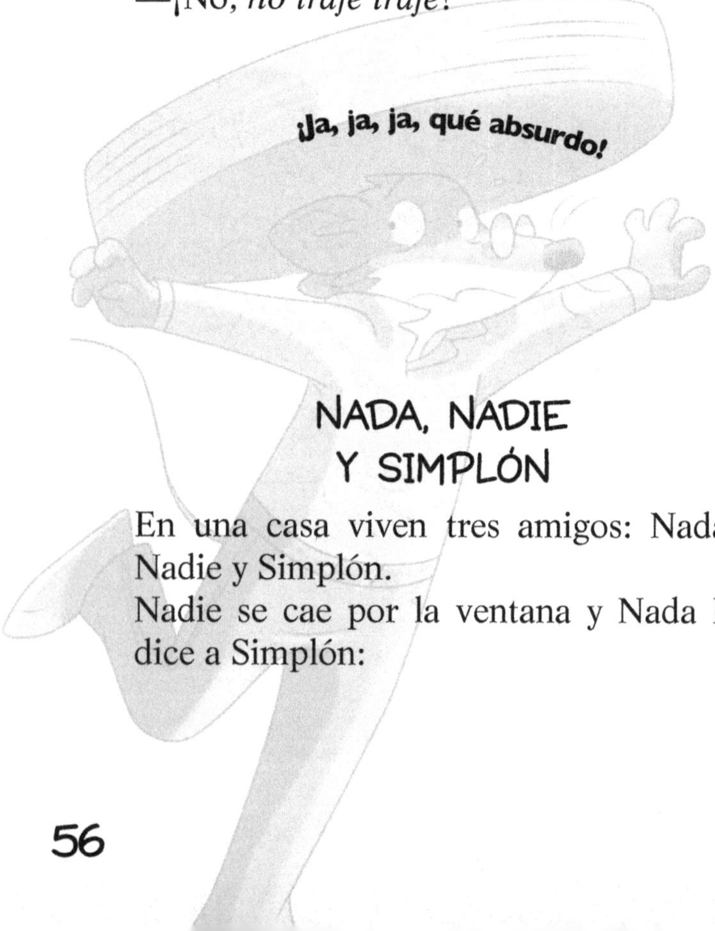

NADA, NADIE Y SIMPLÓN

En una casa viven tres amigos: Nada, Nadie y Simplón.
Nadie se cae por la ventana y Nada le dice a Simplón:

—¡Corre, llama a la policía!
Simplón llama a la policía y dice:
—¡Nadie se ha caído por la ventana y Nada me ha apremiado a llamar a la policía!
El agente grita desde el otro extremo del hilo telefónico:
—¡Escuche, joven, ¿usted es idiota o qué?!
—¡No señor, *yo soy Simplón*!

CUESTIÓN DE GUSTOS

—¡Mira! ¡Una piedra preciosa!
—¡Pero si es un ladrillo!
—Bueno, ¿y qué? *¡A mí me gusta!*

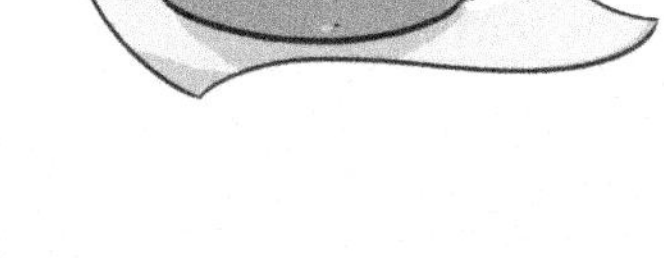

CALVICIE

Los tomates no deberían burlarse de los calvos... porque la mayoría de ellos también acabarán... *¡pelados!*

¡UN BILLETE, POR FAVOR!

Un señor sube al tranvía y le dice al cobrador:
—Un billete, por favor.
Mientras espera, dice para sí:
—Uf, qué dolor de cabeza... ¡Menos mal que se me pasará en seguida!
Entonces, el cobrador le da dos billetes, y el señor le pregunta:
—¿Por qué me ha dado dos billetes?
El cobrador le responde:
—¡Porque su dolor de cabeza *es pasajero*!

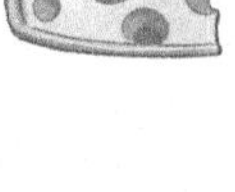

RELOJES

Tres amigos suben a un rascacielos. El primero deja caer el reloj desde lo alto y baja corriendo, pero cuando llega abajo encuentra su reloj hecho mil pedazos.

El segundo también lo intenta y le sucede lo mismo.

Entonces le toca el turno al tercero.

Deja caer el reloj, baja la escalera con toda tranquilidad, entra en un bar, se toma un café y a continuación atrapa el reloj al vuelo.

Sus amigos, muy impresionados, le preguntan cómo lo ha logrado.

Él les responde:

—Ah, es muy sencillo, antes de dejarlo caer... *¡lo atrasé una hora!*

DOS MENTIROSOS

Un mentiroso llama a la puerta de su amigo, que también es muy embustero. Éste le contesta desde el interior:
—¡No hay nadie!
Y el otro le dice desde fuera:
—*¡Uf, menos mal que no he venido!*

DOS TONTOS A LOS QUE MEJOR NO IMITAR

Dos tontos suben a lo alto de un edificio de sesenta pisos.
El primer tonto se arroja desde la azotea, rebota en el suelo y vuelve a subir.
El otro tonto le pregunta cómo ha logrado rebotar.

—Muy fácil —le responde el primero—, me he concentrado al máximo y he pensado que era una pelota.
El otro tonto también se arroja al vacío y piensa: “Soy una pelota..., soy una pelota..., soy una pelota... ¡Ay, madre!, ¿y si fuera un flan?”.
¡Plof!

FANFANRRÓN

Un tipo muy finolis se encuentra a un conocido y le pregunta, en plan petulante:
—¿Sabes dónde he pasado las vacaciones este verano?
—¿Dónde? —inquiere el otro.
—En Baden-Baden.
—¡Pues yo, este año, he ido a *Cuenca-Cuenca*!

BARRIGÓN

Una madre espera a su hija frente a la escuela. Llega un señor muy gordo y se sienta a su lado. La mujer le pregunta:
—Ah, ¿usted también está esperando un niño?
—¡No señora, no, yo *es que estoy muy gordo*!

MADRE E HIJO

La madre de Edison le dice a su hijo:
—Sí, hijo mío, claro que estoy orgullosa de que hayas inventado la bombilla, *¡y ahora haz el favor de apagarla y duérmete de una vez!*

¿PUEDO REPETIR?

—Mamá, mamá, ¡qué buena está la paella!
—Pues repite, hijo mío, repite...
—Mamá, mamá, *¡qué buena está la paella!*

ENTRE NÚMEROS

¿Qué le dice el 1 al 10?
—*Para ser como yo tienes que ser sincero.*

AMIGAS

¿Qué le dice una barra de pan a otra?
—*Mira, te presento a una miga.*

CALOR

Dos mentecatos se dirigen a la costa con una puerta de coche a cuestas.
Un guardia los ve pasar y les pregunta:
—¿Por qué cargáis con esa puerta de coche?
—Porque así, si tenemos calor..., *¡podremos bajar la ventanilla!*

EL HOMBRE DEL SACO

Una madre le dice a su pequeño:

—¿Vamos, haz el favor de tomarte la sopa. ¡Si no te la terminas, llamaré al hombre del saco!

Y el niño le responde:

—¡Bueno, *si él quiere comérsela, me parece bien...*!

MUY PERDIDO

Un hombre desorientado les pregunta a dos señores que están hablando en medio de la calle:

—Disculpen, ¿podrían decirme dónde estamos?

Uno de ellos le explica:

—Por supuesto, es la calle del Pino, esquina con el paseo de los Robles.

El hombre se rasca la cabeza y dice:

—No, no, quiero decir... *en qué país...*

¡GLOTÓN!

—¡Joaquín, ¿no te da vergüenza?! ¡Te has comido todos los churros y no has pensado en tu hermana!

—¡Al contrario, mamá! *¡No he parado de pensar que podría llegar de un momento a otro!*

DISTRAÍDO

Un tipo muy distraído sale de una cabina telefónica y le dice a la señora que estaba esperando en la puerta:

—No vale la pena que lo intente, señora, será mejor que suba a pie. *¡Este ascensor no funciona!*

ASPIRADORAS

Una aspiradora se encuentra a otra aspiradora amiga suya que había estado trabajando toda la mañana y le pregunta:

—Hola, ¿qué tal estás?

—*¡Estoy hecha polvo!*

EXÁMENES

En un examen, el profesor le dice a un alumno que no ha sabido responder ninguna pregunta:

—Te haré una última pregunta: si la sabes, te aprobaré: ¿Cuántos pelos tiene la cola de un caballo?

—Treinta mil quinientos ochenta y tres.

—¿Y cómo lo sabes?

—Perdón, profesor, *pero ésa ya es otra pregunta.*

NUMERITO

La abuela está pasando unos días en casa de su nieta.

—¡Ahora papá ya podrá hacer su número! —grita la niña muy contenta.

—¿Qué número? —pregunta la abuela.

—Papá dijo que si te quedabas una *¡semana se subiría por las paredes!*

¡QUE LLEGO TARDE!

Dos chicos llegan tarde a clase, y la profesora le pregunta a uno de ellos:

—Miguel, ¿por qué has llegado tarde?

—Mire usted, seño..., es que estaba soñando que viajaba por todo el mundo, y he conocido tantos países... que al final me he despertado un poquito tarde...

—¿Y tú, Juan?

—Yo he ido al aeropuerto a recibirlo...

HOMBRE INVISIBLE

Un criado le dice a la reina:
—Majestad, aquí fuera está el hombre invisible, que espera ser recibido.
—*¡Dile que ahora no puedo verlo!*

EN EL BARBERO

—Jefe, supongo que no me cobrará el mismo precio que a los demás. Piense que sólo tengo tres pelos en la cabeza.
—¡Ya, ya, *pero usted no se imagina el trabajo que cuesta encontrarlos*!

EXAMEN DE HISTORIA

En una escuela de adultos están haciendo un examen de historia.

—¡A ver! El que está al lado de la puerta, ¿en qué año tuvo lugar la batalla de Trafalgar?

—No lo sé.

—Pero sí que sabrá quién perdió la batalla de Waterloo...

—¿Waterloo? Ni idea.

—Veamos, ¿quién incendió Roma?

—No he oído hablar de nada parecido.

—Entonces, en lugar de estudiar, ¿a qué se dedicó ayer?

—Estuve jugando a las cartas.

—¡Muy bien, hombre! ¡Pues no sé qué viene a hacer usted aquí!

—He venido a cambiar unas bombillas. *¡Soy el electricista de la escuela!*

PIEL DE PLÁTANO

La profesora pregunta:

—Dime, Juanito, ¿por qué has escrito en tu redacción: “Era fuerte como una piel de plátano”?

—Pues verá, porque mi tío está muy gordo, y lo único que he visto que haya sido capaz de tumbarlo... *¡fue una piel de plátano!*

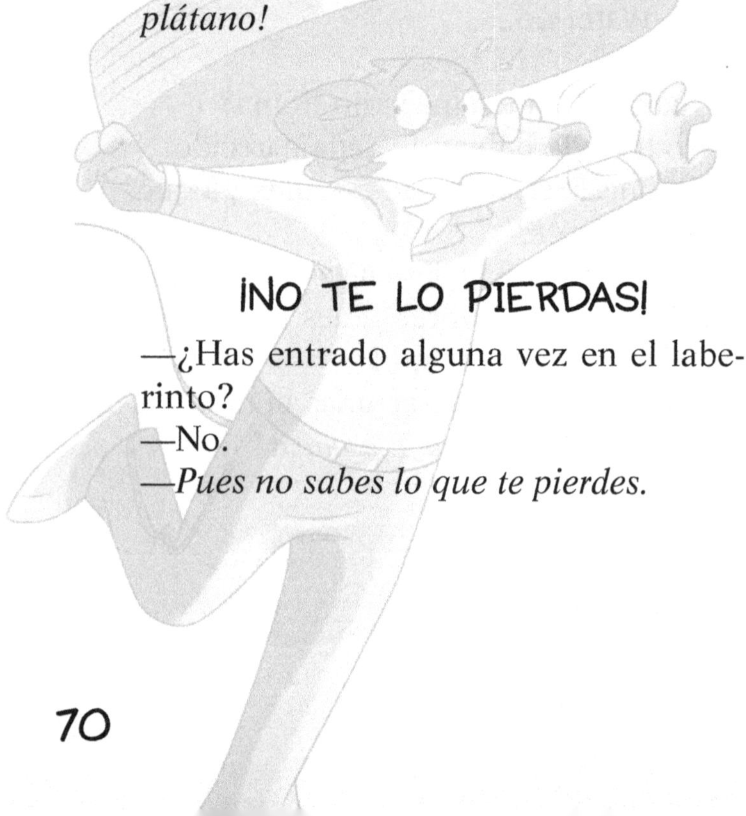

¡NO TE LO PIERDAS!

—¿Has entrado alguna vez en el laberinto?

—No.

—*Pues no sabes lo que te pierdes.*

CASAMIENTOS EXTRAÑOS

Un niño le dice a su padre:
—Papá, quiero casarme con la abuela.
—¡No, niño, no, no puedes casarte con mi madre!
Y el niño le responde:
—*¡Pues bien que tú te casaste con la mía, y nunca me he quejado!*

ASCENSOR

La madre de Joaquín le dice a su hijo:
—Niño, haz el favor de llamar el ascensor.
Joaquín grita:
—¡Ascensor!
—No, Joaquín, se hace con el dedo —le dice su madre.
Entonces, Joaquín se acerca el dedo a la boca y berrea:
—*¡Ascensooooor!*

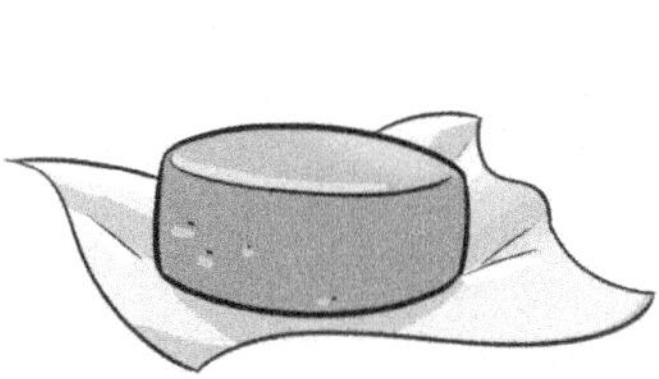

CEBOLLAS

Una cebolla le dice a la otra:
—La gente está loca, *¡primero te mata y después llora!*

EN MOTO

Iban dos en una moto... *¡y se cayó el de en medio!*

CARTA

Un cartero le entrega una carta a una señora y le dice:
—¡Esta carta ha llegado por avión!
—No diga tonterías, joven —responde, irritada, la señora—: *Acabo de verle llegar, y ¡usted iba en bicicleta!*

ENTRE AMIGOS

—¿Sabes? Me han cambiado el número de teléfono de casa.
—¿Ah, sí? Pues dámelo, que me lo apunto.
—Hummm... ahora no lo recuerdo. *¡Espera, que llamaré a casa para que me lo digan!*

CASTIGO ESCOLAR

—Señorita, ¿verdad que no se puede castigar a un niño por algo que no ha hecho?
—No, claro que no.
—*¡Pues qué suerte, porque no he hecho los deberes!*

TOMATES PARLANTES

Son dos tomates en la nevera, y uno le dice al otro:
—¡Brrr, no veas qué frío!
—*¡Ahhh, un tomate que habla!*

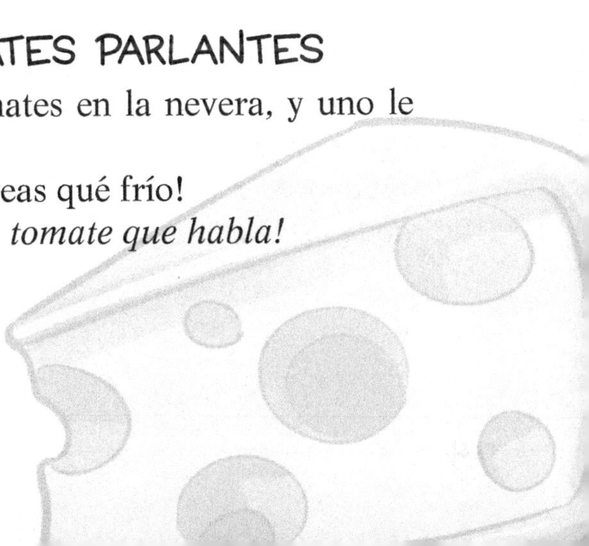

CIGÜEÑAS Y BEBÉS

Una cigüeña vuela con un hatillo colgado del pico. Dentro, en lugar de un bebé, hay un anciano de ochenta años.
De repente, el señor le grita a la cigüeña:
—*¡Reconoce de una vez que llevas un buen rato perdida!*

NO QUIERO IR A LA ESCUELA

—¡Mamá, hoy no quiero ir a la escuela!
—¿Por qué, hijo mío?
—Pues mira, en primer lugar, porque tengo sueño. En segundo lugar, porque me aburro. Y en tercer lugar, porque los niños se burlan de mí.
—¡Ya lo creo que irás! En primer lugar, porque es tu obligación. En segundo lugar, porque tienes treinta y cinco años. *¡Y, en tercer lugar, porque eres el director de la escuela!*

CUESTIÓN DE ESTIMA

—¿Cómo te va por el gimnasio?
—Muy bien, me han salido músculos que ni siquiera conocía... por ejemplo éste, ¿cómo se llamará?
—Trapecio.
—Y yo, hombre, *¡y mucho!*

Un niño pequeño le pregunta a su madre:
—Mamá, ¿los pedos pesan?
—¡Pues claro que no! —le responde su madre.
—*¡Ah, pues entonces me he hecho caca!*

INVITACIÓN

Una señora muy tacaña telefonea a su amiga para invitarla a tomar el té.
Para que sepa cómo llegar a su casa, le indica:
—Verás, vivo en una casita en la calle del Jazmín número 10. Puedes abrir la verja de la entrada con la rodilla y llamar al timbre con el codo.
—¿Y por qué he de utilizar la rodilla y el codo?
—Mujer, supongo que no te presentarás con las manos vacías, ¿verdad?

QUÉ GRACIOSO

Jaimito le dice a su amigo:
—Pepe, ¿quieres que te explique un chiste que te hará morir de risa?
—Prefiero que me expliques sólo la mitad —responde Pepe—, *¡así, aún tendremos tiempo de llegar al hospital!*

CHISTES... ¡SUPERABSURDOS!

Un señor va a ver a una pitonisa.
Ella le dice:
—Cada pregunta que quieras hacerme te costará... 100 euros.
El señor objeta:
—¿No le parece un poco caro?
—No. *Siguiente pregunta...*

UN TELÉFONO DE CUENTO

La reina de Blancanieves dice:
—Espejito, espejito de mi alma, dime, ¿quién es la más hermosa del reino?
—Reina mía, tú eres muy hermosa, pero Blancanieves aún es más hermosa que tú.
Furiosa con el espejo, la reina coge el teléfono y, sin marcar ningún número, dice:
—Teléfono, telefonito de mi alma, ¿quién es la más hermosa del reino?
—*Túuuuuuuu...*

MISTERIOS

Un tipo le dice a otro:

—Hoy me he encontrado a tu esposa en el restaurante, pero ella no me ha visto.

Y el otro le responde:

—Sí, lo sé, *¡ya me lo ha dicho!*

¡VAYA PRECIOS!

Un hombre entra en una joyería y pregunta:

—¿Cuánto vale esa cruz?

—Un millón de euros, señor.

—¡Es cara!

—No, es cruz...

LA VIDA EN UN SEGUNDO

En un segundo pueden pasar muchas cosas. Lo sé porque yo vivo en el tercero y *se oye todo...*

ENTRE NÚMEROS

Un cero se encuentra a un ocho, lo mira detenidamente como si lo estuviera analizando y le dice:

—Vamos, *quítate de una vez el cinturón, ¿no ves que estás haciendo el ridículo?*

POR TELÉFONO

—¿Sí? ¿Quién habla?

—A mí me da igual, *¡si te apetece puedes empezar tú!*

¡QUÉ EXAGERADO!

—El otro día vi pasar por el cielo mil palomas volando.
—¿Mensajeras?
—Que no, te juro que no te *ensagero, ¡eran mil!*

ALUMNO MODÉLICO

—Papá, hoy he estado a punto de sacar un 10.
—Ah, qué bien, Jaimito, ¿qué te han puesto? ¿Un 9?
—No, pero *¡le han puesto un 10 al niño que se sienta al lado!*

POBRES FIDEOS

Una madre les dice a sus hijos:
—¡Niños, tomaos la sopa de fideos!
Y Fideos se quedó sin sopa...

¡LE RETO!

Un señor entra en una tienda de deportes y pregunta:

—¿Tiene pelotas para jugar a tenis?

—Sí.

—Pues entonces le espero en la pista mañana a las 8.

EN EL QUINTO PINO

—¿Me dice su dirección para que pueda mandarle el paquete?

—Avenida del Bosque, número 5.

—¿Apartado de Correos?

—Un poco lejos sí que queda, la verdad.

¡ACONGOJADA!

¿Qué le dice el cuchillo a la gelatina?
—*¡No tiembles, cobarde!*

UNA PIEDRA QUE HABLA

Un loco se pasea con una piedra atada con una cuerda. En eso que el director del manicomio lo ve y se le acerca.
—¿Qué? ¿Paseando el perrito?
Y el loco le responde:
—¿Perro? ¿Qué perro? Eso es una piedra, ¿es que no lo ve?
El director se aleja, sorprendido. Y el loco le dice a la piedra:
—¡Muy bien, Bobby! *¡Ya te dije que si no ladrabas lo engañaríamos!*

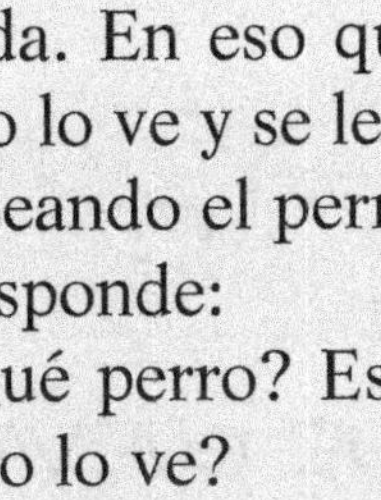

¡VAYA COINCIDENCIA!

Un niño le pregunta a su madre:
—Mamá, ¿cuál es mi fecha de nacimiento?
—El 15 de julio.
—Anda, *¡si es el día de mi cumpleaños!*

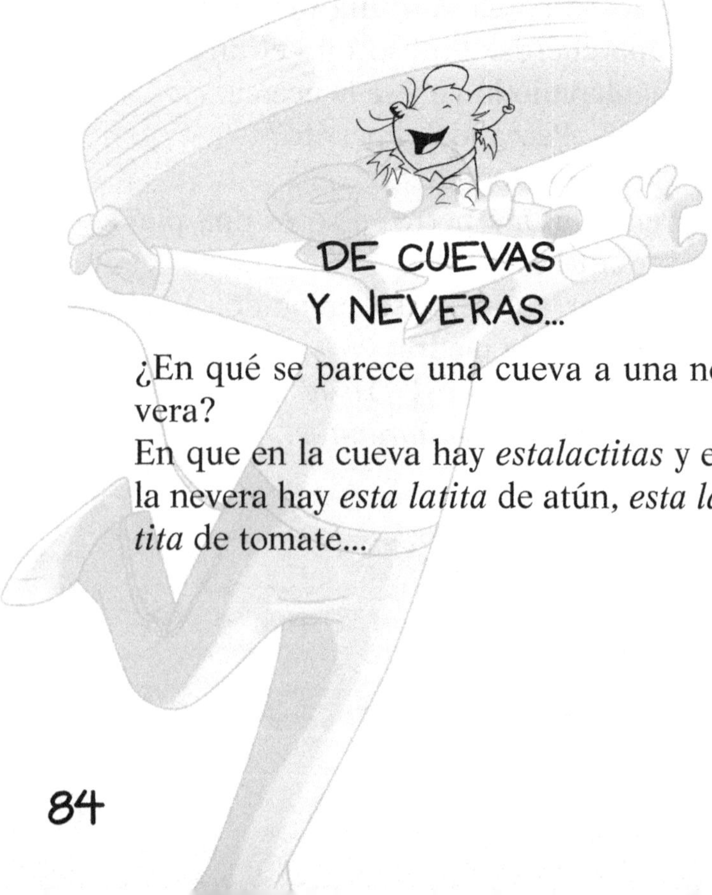

DE CUEVAS Y NEVERAS...

¿En qué se parece una cueva a una nevera?
En que en la cueva hay *estalactitas* y en la nevera hay *esta latita* de atún, *esta latita* de tomate...

¡NO ME FÍO!

—Venga, Luisito, ve a lavarte que a lo mejor viene a visitarnos tu tía.

—Sí, hombre, *¿y si luego no viene, qué?*

¿POR QUÉ...?

—Por qué has metido el periódico en la nevera?

—Para tener noticias... *¡frescas!*

PEZ SEDIENTO

—¿Le has cambiado el agua al pez?

—Pues no, *¡aún no se ha acabado la de ayer!*

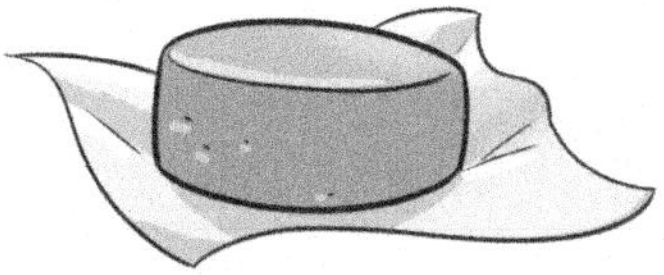

NO MUY BIEN...

—¿Cómo fue la operación de oído?
—*Sí.*

¡ME TOCA A MÍ!

Un tipo bastante atontado está comprando café en una máquina expendedora. Pone monedas y sale el café. Lo hace sin parar: una moneda tras otra, un café tras otro. Al final, la gente que está esperando para utilizar la máquina pierde la paciencia y empieza a protestar.
Al oírlos, él les responde sin inmutarse:
—Eh, mientras vaya ganando, pienso seguir jugando, ¿está claro?

INTERMITENTES

Un conductor le pregunta a su mujer:

—¿Podrías mirar si me funcionan los intermitentes, por favor?

Y ella le responde:

—*¡Ahora sí, ahora no, ahora sí, ahora no...!*

QUÉ FALLÓN

Era un jugador tan malo, tan malo, tan malo que un día metió un gol y *en la repetición lo falló.*

¡ENCANTADO!

—Hombre, cuánto tiempo, mira, ésta es mi hija, la menor.

—Ah, pues éste es mi hijo, *fa sostenido.*

PARAGUAS

—¡He perdido el paraguas!

—¿Y no te has dado cuenta hasta ahora?

—Sí, ¡me he dado cuenta justo cuando ha parado de llover y he ido a cerrarlo!

CONFUSIÓN

—Mamá, mamá, ¿el váter da vueltas muy de prisa?

—No, niño, ¿por qué lo preguntas?

—¡Porque me parece que *me he hecho caca en la lavadora*!

¿QUÉ ES?

¿Qué es un punto verde en un rincón de la cocina?

Un guisante castigado.

¡VAYA HÉROE!

Robin Hood ve pasar una diligencia cargada de oro.

—¡Alto! ¡Soy Robin Hood y robo a los ricos para dárselo a los pobres!

Ve pasar otro carruaje cargado de valiosas joyas y grita:

—¡Alto! ¡Soy Robin Hood y robo a los ricos para dárselo a los pobres!

Más tarde, en el camino se cruza con un pobre hombre harapiento, y le dice:

—¡Alto! ¡Soy Robin Hood y robo a los ricos para dárselo a los pobres!

—Pero Robin, ¿no ves que yo soy pobre?

—Ah, entonces toma esto —le dice Robin Hood, y le entrega un saco lleno de monedas de oro. Pero al momento grita:

—¡Alto! ¡Soy Robin Hood y robo a los ricos para dárselo a los pobres!

Dicho lo cual, *¡toma el botín y huye!*

MAMÁ TRAGONA

—Mamá, ¿qué tienes en la barriga?
—Un bebé, hijo mío.
—¿Y quién te lo dio?
—Tu papá.
—¡Papá, papá, no le des más bebés a mamá, *que se los come*!

PLÁTANO

Un tipo se pasea de aquí para allá con dos plátanos en las orejas. Otro tipo, al verlo, le dice:
—Oiga, lleva dos plátanos en las orejas.
Y el otro le contesta:
—¡Hable más fuerte! *¿No ve que llevo dos plátanos en las orejas?*

¡PSSST!

—¡Ay, se me ha dormido la pierna! —le dice un tipo a su amigo.
Y éste le responde:
—¡Pssst, no grites, *o la despertarás*!

¡DISIMULA!

Van dos granos de arena por el desierto y uno le dice al otro:
—Me parece que nos están siguiendo...

ENTUSIASTA DEL PAN

Un preso se queja:
—¡No entiendo nada, me metieron en la cárcel por robar pan, y *ahora me dan uno cada día*!

CAPERUCITA Y EL PRÍNCIPE

Caperucita Roja se casó con el Príncipe Azul y... *¡tuvieron un hijo morado!*

UN CARADURA

El nuevo gerente de una empresa saluda a todos los trabajadores, uno por uno. Cuando le estrecha la mano al primero, le pregunta:

—Y usted, ¿cuánto tiempo hace que trabaja en esta empresa?

—Hombre, ¡desde que me dijeron que si no trabajaba, *me despedirían por holgazán*!

PREGUNTAS

Pedro entra en los servicios de un aeropuerto. Al mismo tiempo entra un hombre y se mete en el lavabo de al lado.

El hombre dice:

—¡Hola!

Pedro no responde, pero el hombre insiste:

—¿Es que no me oyes? ¡Hola!

Pedro decide contestarle y le dice "Hola".

El hombre le pregunta cómo está, y Pedro le responde que está bien.

El hombre sigue charlando:

—¿Y qué estás haciendo ahora?

—¿Qué quieres que haga? Lo mismo que tú: ¡estoy cagando!

Se impone un silencio incómodo, y al cabo de un momento el hombre dice:

—¡Escucha, ya te llamaré más tarde, *porque aquí al lado tengo a un idiota que se dedica a contestar todas mis preguntas*!

CUESTIÓN DE RITMO

—¿Qué le canta un espagueti a otro espagueti?

—Oye, *mi cuerpo pide salsa...*

TELÉFONO

Suena el teléfono a las cuatro de la madrugada:

—¡Ring, ring, ring!

—¿Sí, diga?

—¿Estoy llamando al 2435196?

—*¡No ha acertado usted ni uno, zopenco!*

CONTAGIO

—Doctor: ¿usted curó de viruela al hijo de la marquesa?

—Sí.

—¿Y le pagó bien?

—Espléndidamente; pero ¿a qué viene tanta pregunta?

—Pues venía a cobrar mi parte, *¡porque fue mi hijo el que le contagió!*

¡CAPITÁN!

Un marinero llama al capitán:
—¡Capitán! ¡Capitán! ¡Tierra a la vista!
—¡Calla, zoquete! *¡¿No ves que aún no hemos levado anclas?!*

LORO

El director de un manicomio tiene un loro, y un día se le escapa por la ventana. El director sale al jardín y les pide a los locos que lo ayuden a recuperar su loro. Entretanto, el loro se ha posado en la rama de un árbol y los locos lo están mirando, pero no se mueven.
—¡Vamos! ¿Por qué no lo cogéis? —les dice el director.
Un loco le responde:
—¡De ningún modo! *¿No ve que aún está demasiado verde?*

OJOS

¿Qué le dice un ojo a otro?
—Estamos separados... *¡por narices!*

IMPOSIBLE

¿Qué le dice un ojo a otro ojo?
—Tan cerquita y *ni nos vemos.*

CHISTE DE ABUSONES

Había una vez un chiste tan malo, tan malo... *¡que les pegaba a los chistes más pequeños!*

PREGUNTA FILOSÓFICA

—¿Qué crees que es peor: la ignorancia o el desinterés?
—*¡Ni lo sé ni me importa!*

¡AYUDA, POR FAVOR!

—Hola, ¿es aquí el 222 222 222?
—Sí.
—*¿Podría decirme cómo se saca el dedo del 2?*

¡QUÉ DOLOR!

Van dos aceitunas en moto y, al pasar una curva, se cae una de ellas:
—¡Ay, creo que me he roto un hueso!
—Pero si estamos rellenas de anchoa...

UN MISTERIO

¿Cómo es posible que el señor Fuentes *tenga que comprar agua*?

PARECE QUE SE LLEVAN BIEN

—Mi comandante, se acerca un grupo de indios.
—¿Son amigos o enemigos?
—Pues parece que son amigos, *porque van todos juntos...*

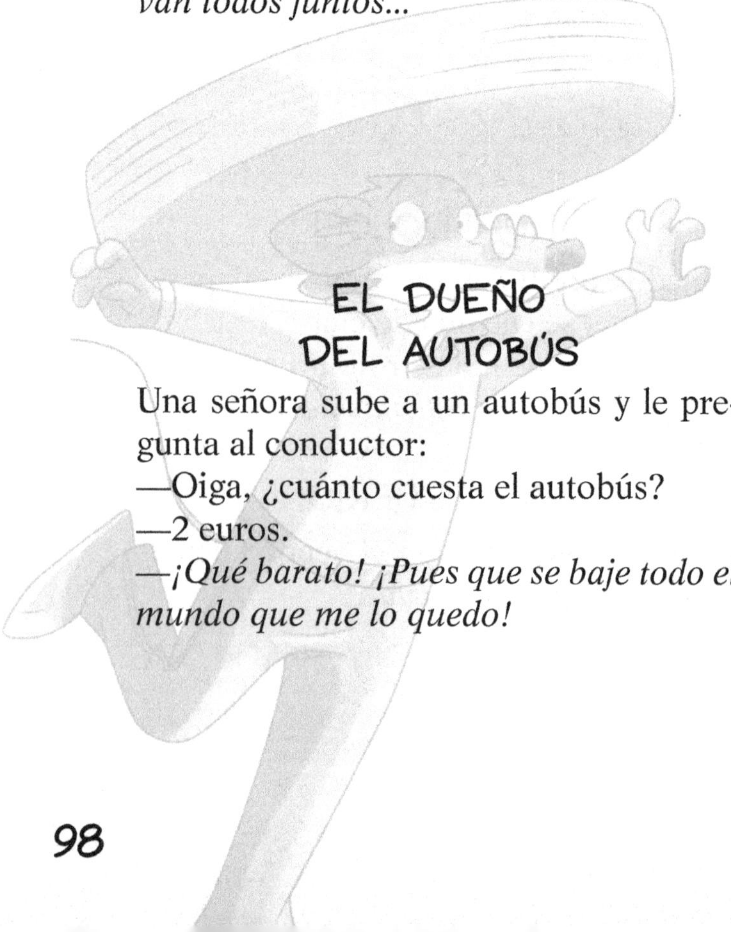

EL DUEÑO DEL AUTOBÚS

Una señora sube a un autobús y le pregunta al conductor:
—Oiga, ¿cuánto cuesta el autobús?
—2 euros.
—*¡Qué barato! ¡Pues que se baje todo el mundo que me lo quedo!*

UN DENTISTA MUY BRUTO

—¿Cuánto me cobraría por arrancarme una muela?
—La primera vez, doscientos euros.
—¿Y la segunda?
—*¡No lo sé, porque nadie ha vuelto!*

CAMPANA

Era un hombre tan, tan, tan... *¡que la cabeza se le convirtió en una campana!*

TAN ALTO

Era un hombre tan alto... ¡que se comía un yogur y cuando le llegaba al estómago *ya estaba caducado*!

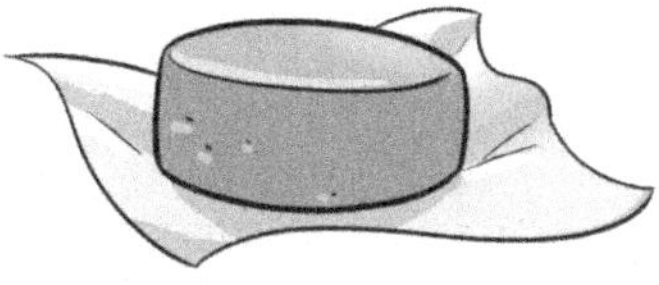

BRUJITA

Era una bruja tan pequeña, tan pequeña, tan pequeña... *¡que volaba en una escobilla de váter!*

CABEZA DE QUESO

Era un hombre tan bajo... *¡que la cabeza le olía a pies!*

PRECIPICIO

Era un hombre tan bajo... ¡que para bajarse de la acera *tenía que saltar en paracaídas*!

TAN BAJO

Era un hombre tan bajo... *¡que usaba los calcetines como bufanda!*

TAN DELGADO

Era un hombre tan delgado... *¡que tenía que pasar dos veces para que lo vieran!*

¡QUÉ MALA SUERTE!

Era un hombre con tan mala suerte... ¡que se sentó en un pajar *y se clavó la aguja*!

TAN TACAÑO

Era un hombre tan tacaño, tan tacaño, tan tacaño... *¡que no se ponía al sol para no dar sombra!*

TAN POBRE

Era un hombre tan pobre... *¡que no podía dar ni las gracias!*

NOMBRE COMPUESTO

Era un hombre tan alto, tan alto, tan alto... *¡que se llamaba Julio y Cuatro Días de Agosto!*

BOQUITA DE PIÑÓN

Era una mujer que tenía la boca tan pequeña, tan pequeña, tan pequeña... *¡que sólo podía comer espaguetis!*

CAÍDA LARGA

Era un hombre tan alto, tan alto, tan alto, que se tropezó un miércoles *y se cayó un viernes.*

TRANSPORTE PÚBLICO

Era un hombre tan bajo, tan bajo, tan bajo, que en lugar de ir en metro *iba en centímetro.*

TAN TONTO

Era un hombre tan tonto, tan tonto, tan tonto... que no tenía mesita de noche *porque de día no sabía dónde ponerla.*

BOCA PEQUEÑA

Era una mujer que tenía la boca tan pequeña, tan pequeña, tan pequeña... *que para decir "tres" decía "uno, uno y uno".*

TAN FEO

Era un príncipe tan feo, tan feo, tan feo... *que la Cenicienta volvió a casa a las 11.30.*

TAN MIEDOSO

Era un hombre tan miedoso... *¡que a media noche se le escapó un pedo y se murió del susto!*

TAN DIVERTIDO

Era un hombre tan divertido... *¡que se murió de risa!*

DESCONFIANZA

Una madre le pregunta a su hijo pequeño:

—¿Sabes cuál es la diferencia entre un bote de garbanzos y una caja de chinchetas?

—No —dice el niño.

—¡Entonces *será mejor que envíe a tu hermano al mercado*!

CUANDO YO ERA JOVEN...

Era un hombre tan viejo, tan viejo, tan viejo... *que llegó a ver el arcoíris en blanco y negro.*

CAZADOR TORPE

Era un cazador tan torpe, tan torpe, tan torpe... que disparó al cielo... *¡y falló!*

ALUMNO PREHISTÓRICO

Era un hombre tan viejo, tan viejo, tan viejo... *que cuando iba al colegio no había ni clases de Historia.*

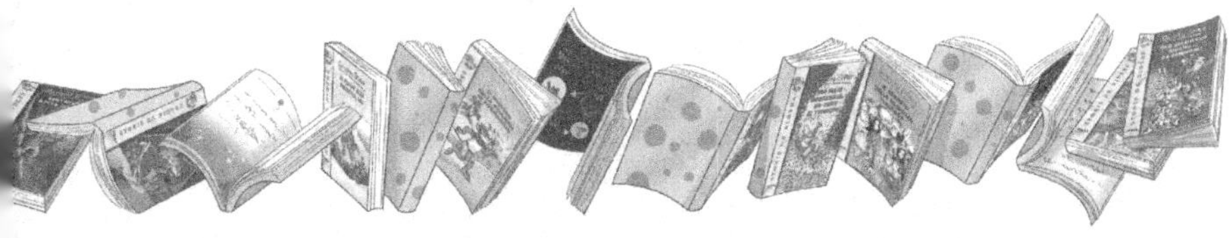

DOS AMIGOS

Dos amigos que hacía mucho tiempo que no se veían se encuentran por la calle, y uno le dice al otro:

—¡Vaya, Juanito! Has engordado un poco. Tienes mejor aspecto.

—¿Sabes cuál es el secreto? Ya hace tiempo que no discuto con nadie.

—¡Vamos, hombre, no creo que sea por eso!

—¡Ah, *pues no será por eso*!

CABALLO HOLGAZÁN

Era un caballo tan vago, tan vago, tan vago... que le pusieron la silla... *¡y se sentó!*

PERDIDO

—¡No me encuentro bien!

—¡Pues búscate mejor!

ENGAÑO

Un niño llega muy contento a su casa y le dice a su padre:

—¡Papá, papá, he engañado al conductor del autobús!

—¿Ah, sí, y cómo lo has hecho?

—¡Pues le he pagado el billete y no he subido!

TÍA PESADA

Un niño llega a casa de su tía y le dice:
—Tía, ¿dónde tienes el pajarito?
Su tía le sonríe amablemente y le dice:
—No guapo, yo no tengo ningún animal de compañía.
—¡Pues no lo entiendo! ¡Papá me ha dicho que íbamos *a visitar a la cotorra de la tía*!

EFECTOS RETARDADOS

Una mujer se está pintando ante un espejo, y su sobrino le pregunta:
—Tía, ¿por qué haces esto?
—¡Para estar más guapa!
—Ah, vale... *¿Y cuándo empieza a hacer efecto?*

ORDENADOR

—¡Papá, Martita ha encendido el ordenador!

—Déjala que juegue un rato.

—¡Como quieras —le dice el niño—, *pero cuando las llamas lleguen a tu habitación, ya te apañarás*!

OSITO DE PELUCHE

Un niño entra en una juguetería, coge un osito de peluche muy grande y se dirige a la caja para pagar con un billete del Monopoly.

—Niño, ¿no ves que este billete no es de verdad? —le dice la cajera.

Y el niño le responde:

—¡Ya, *pero es que el osito tampoco lo es*!

FRUTA

Un niño le pregunta a su padre:
—Papá, ¿te gustan los frutos tostados?
—Sí, hijo, me gustan mucho.
—Uf, menos mal, *¡porque el huerto se está quemando!*

AMOR

Una niña está jugando junto a su madre, y de pronto le dice:
—¡Te quiero!
Su madre le sonríe y responde:
—¡Qué bonito! Pero eso también tendrías que decírselo a papá.
Y entonces, la niña chilla:
—¡Papá, *quiero a mamá*!

EDAD VARIABLE

Una madre y su hijo están esperando el autobús, y ella le dice al niño:

—Cuando el conductor te pregunte cuántos años tienes, tú le dices que cuatro, así no tendremos que pagar billete.

Suben al autobús y el conductor le pregunta:

—¿Cuántos años tienes?

—Cuatro —dice el niño.

Y el conductor le dice:

—¿Cuándo cumples los cinco?

—*¡En cuanto me baje del autobús!*

VELOCIDAD

Un caracol está cruzando una carretera y es atropellado por una tortuga. Cuando el caracol recupera la consciencia, en el hospital, el médico le pregunta:

—¿Qué pasó?

—No lo sé —responde el caracol—, *¡todo fue tan rápido...!*

CHISTES DE... ¡COCHES, MOTOS, TRENES, BARCOS Y AVIONES!

¡BARCO A LA VISTA!

—¡Capitán, capitán, se acercan cien carabelas!
—¿Una flota?
—¡No, *flotan todas*!

PÁNICO

Antes de despegar, una azafata de vuelo le comenta a la otra:
—Estoy preocupada, hay un señor que tiene miedo de subir al avión.
Su compañera, para tranquilizarla, le dice:
—No te preocupes, mujer, eso sucede a menudo.
—Sí ya lo sé, ¡pero es que *es el piloto*!

JERGA MARINERA

—¡Capitán, capitán! ¡Se acerca un barco pirata por la derecha!
—Se dice por babor...
—*¡Por babor, capitán, se acerca un barco pirata por la derecha!*

EL 27

En una parada de autobús, una señora le pregunta a un señor que está esperando:
—¿Disculpe, el 27 pasa por aquí?
El señor se saca una agenda del bolsillo, la consulta y al instante responde:
—¡Lo siento mucho, *pero el 27 tengo que ir a París por trabajo*!

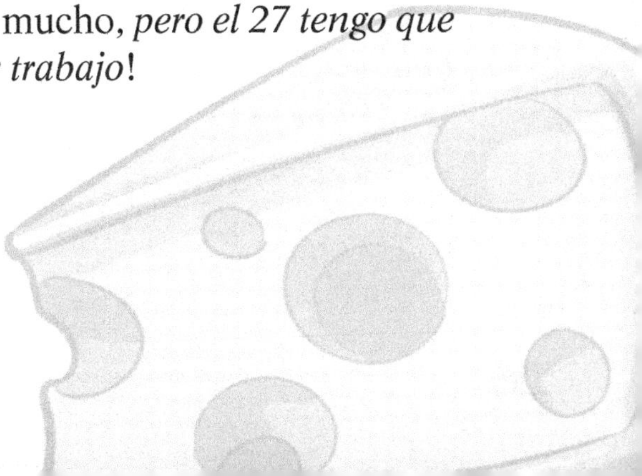

SUPERPODERES

Un hijo le dice a su padre:
—Papá, ¿puedo usar tu coche?
—No, no puedes sin mi supervisión.
—Uy, perdón *por no tener superpoderes como tú...*

¡ES QUE ES MUY ESTRECHO!

—Este verano me voy a ir a Marruecos en bicicleta.
—¿En bicicleta? ¿Y cómo vas a cruzar el estrecho?
—Jolines, *¿tan estrecho es que no cabe ni una bici?*

¡POR ARTE DE MAGIA!

Jaimito va a la estación y ve una báscula que anuncia: “Por 2 euros adivinaré quién eres y qué haces aquí”.

Intrigado, introduce la moneda en la ranura y la báscula dice:

—Te llamas Jaimito Martínez Roig y has de tomar el tren 345 que sale del andén número 2.

A continuación, Jaimito se disfraza de mujer y vuelve a subirse a la báscula, que repite la misma respuesta.

Cada vez más sorprendido, Jaimito se disfraza de camarero y sube de nuevo a la báscula.

—Eres Jaimito Martínez Roig —le dice la báscula—, ¡y por hacer tanto el tonto *acabas de perder el tren 345 que ya ha salido del andén número 2*!

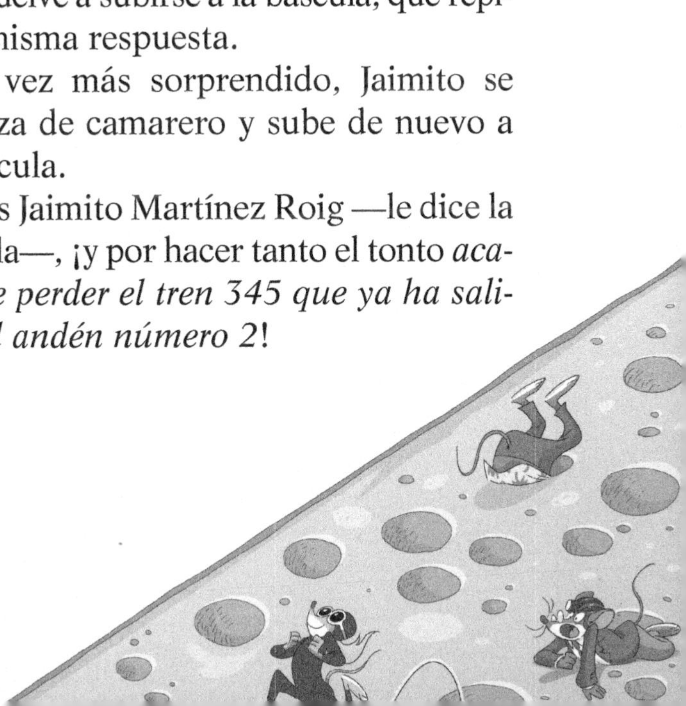

CAMPESINOS

Un campesino le dice a su hijo:
—¡Arranca el tractor, zagal!
—*Pero ¿dónde lo has plantado, padre?*

UNA NOTICIA BUENA Y OTRA MALA

Llega el hijo a casa y le dice a su padre:
—Papá, tengo una noticia buena y otra mala.
—Ay, dime primero la buena.
—La buena es que *el airbag de tu coche funciona de maravilla...*

PREGUNTA CURIOSA

Un motorista parado en un semáforo se está rascando el casco.

Un señor que pasa por allí se queda muy sorprendido al verlo:

—Escucha, ¿por qué te rascas el casco?

—¿Acaso cuando te pica una pierna *te quitas los pantalones*?

OBVIO

Un conductor se ha perdido por completo y le pregunta a un transeúnte:

—¿Disculpe, ¿sería tan amable de decirme dónde me encuentro?

—Sí, hombre, faltaría más, *¡usted se encuentra dentro de un coche!*

¡QUÉ BONITO!

—Marineros, ¡a abordar el barco!
Y el barco quedó precioso.

POLIZÓN COMODÓN

Está un revisor de tren picando los billetes:
—Oiga, si su billete es de turista, ¿cómo está usted viajando en primera clase?
—*¡Pues muy cómodo, la verdad!*

TEA

Tea va al desierto con su jeep. A su regreso, Geronimo le pregunta:
—¿Qué tal, cómo ha ido con el coche?
—*¡Pues he tenido una suerte... he encontrado aparcamiento cada día!*

¡EN CONTRADIRECCIÓN!

Un conductor oye el siguiente anuncio por la radio:

—¡Atención: hay un loco conduciendo en contradirección!

El conductor mira hacia delante y exclama:

—¿Uno? *Pero ¡si son todos!*

MAL ARGUMENTO

Entra un hombre a un concesionario y le pregunta al vendedor:

—Oiga, ¿este coche es potente?

—¡Uy, sí, potentísimo! Imagínese que si sale usted de Barcelona a las 12 de la noche llegará a Madrid a las 3 de la madrugada...

—Ah, pues entonces no me interesa... *¿Qué hago yo en Madrid a las 3 de la madrugada?*

¡INÚTIL!

Un padre está regando el jardín. De pronto llega su hijo corriendo, sudado:

—¡Papá, nos han robado el coche!

—¿Al menos has podido ver quién ha sido? —le pregunta su padre.

—¡No! Pero no te preocupes, *¡he anotado el número de la matrícula!*

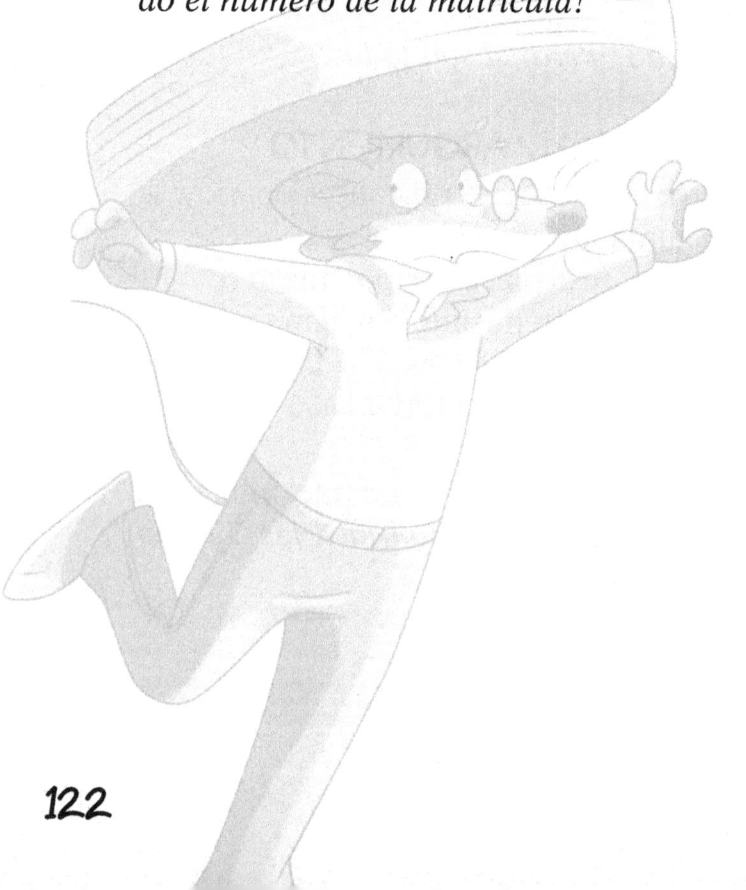

CHISTES SOBRE... ¡EL DINERO Y LOS AVAROS!

SUPERSTICIOSO

Un avaro le pregunta a su amigo:
—Dime, ¿tú eres supersticioso?
—No...
—¡Estupendo, pues *déjame 13 euros*!

REGATEANDO

Un hombre muy agarrado se acerca a un taxista y le pregunta:
—¿Cuánto me cobra por llevarme a la estación?
—20 euros.
—¿Y por la maleta?
—Por la maleta, nada, hombre, es gratis.
—Ah, pues entonces lléveme usted la maleta, *que yo voy andando.*

GRACIAS POR PREGUNTAR

—Oye, Manolo, ¿me prestas 60 euros?
—Lo siento, pero no llevo nada encima.
—¿Y en casa?
—Todos bien, gracias. *¿Y en la tuya?*

ENTRE AMIGOS

—Si divido un pastel en mil pedazos y te doy uno, ¿cómo se llama esa operación?
—*¡Tacañería!*

¡QUÉ TACAÑO!

Era un hombre tan tacaño, tan tacaño, tan tacaño, que estaba soñando que tomaba una café en un restaurante *y se despertó para no pagarlo.*

MILLONARIOS

El primer millonario dice:
—Arrojaré mi dinero a un círculo: lo que caiga dentro, lo donaré a beneficencia, lo que caiga fuera, me lo quedaré yo.
El segundo millonario dice:
—Pues yo lanzaré mi dinero a un círculo: lo que caiga fuera, lo donaré a beneficencia, lo que caiga dentro, me lo quedaré yo.
El tercer millonario dice:
—Pues yo arrojaré mi dinero a un círculo: ¡lo que caiga al suelo, me lo quedaré yo, *lo que quede flotando en el aire, lo donaré a beneficencia*!

PAGAMOS A MEDIAS

Un hombre muy tacaño se sube a un taxi y cuando llegan al destino le dice el taxista:

—Son 10 euros.

—Aquí tiene.

—Oiga, perdone pero esto es un billete de 5 euros y le he dicho que son 10.

—Ah, pero *¿es que usted no va a pagar su mitad?*

AVARICIA ORIGINAL

Era un hombre tan avaro, tan avaro, tan avaro, que cuando Dios dijo "¡Hágase la luz!" *él ya debía dos recibos.*

NÓMINA EQUIVOCADA

Un empleado descubre que le han pagado 200 euros de menos en su nómina y va a hablar con su jefe. Éste le responde:

—Hombre, pero veo que el mes pasado le pagamos 200 euros de más..., ¿por qué no vino a quejarse entonces?

—Hombre, es que un error es perdonable... *¡pero dos ya son demasiados!*

AMIGO GORRÓN

Se encuentran dos amigos y uno le dice al otro:

—Últimamente me encuentro a Javier por todas partes y siempre me pide dinero. Un día me pidió 300 euros, al cabo de dos días me pidió 600 euros y ayer mismo me pidió 1.000.

—¿Y qué hace con todo ese dinero?

—Yo qué sé..., *¡nunca se lo he prestado!*

UN SEGUNDO

Un hombre sueña con un amigo que ya murió.
En el sueño, el amigo le dice:
—¿Sabes? Me he convertido en supermillonario y también soy inmortal.
—Entonces... ¿para ti un millón de euros es como un euro?
—¡Exacto!
—¿Y mil años son como un segundo?
—¡Eso mismo!
—Muy bien, ¿qué tal si me prestas un millón de euros?
—Vale... *¡espera un segundo!*

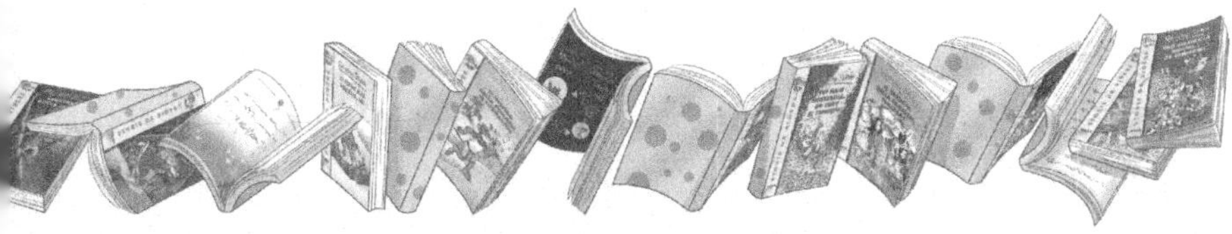

VIAJES

Una señora entra en una agencia de viajes y le dice a la dependienta:

—Disculpe, señorita, ¿podría darme un catálogo de viajes a las islas Bahamas? *¡Así podré saber cuánto me ahorro si no voy allí de vacaciones!*

¡ESA LUZ!

Un señor muy avaro está en su lecho de muerte rodeado por sus seres queridos:

—María, mi querida María, ¿estás aquí junto a mí?

—Sí, mi amor, aquí estoy.

—Juanito, Lucía, mis amados hijos, ¿estáis aquí junto a mí?

—Sí, papá, aquí estamos.

—Entonces *¿puede alguien explicarme qué hace la luz de la cocina encendida?*

FAMILIA DE TACAÑOS

El hijo de una familia muy tacaña llega a casa y le dice a su padre:

—Papá, papá, hoy estarás orgulloso de mí: ¡he venido corriendo detrás del autobús y así me he ahorrado 2 euros!

Pero el padre, muy serio, le regaña:

—Pero, hombre, qué despilfarro... ¡otro día vienes corriendo detrás de un taxi *y te ahorras 10 euros*!

ABSURDO

Una señora quiere comprarse unos zapatos. El dependiente le pregunta:

—¿Qué número calza?

—Un número pequeño..., *¡es que quiero gastar poco!*

¡CHASCARRILLOS GRACIOSILLOS!

¡LAS NORMAS SON LAS NORMAS!

—¿Puedo alquilar *Batman Forever*?
—No, la tiene que devolver *tomorrow.*

UN CHISTE AL REVÉS

—¿Quieres que te explique un chiste al revés?
—¡Sí!
—*¡Pues ríete primero!*

CHISTE BESTIA

—Una rueda de camión le aplastó el pie a mi abuela. ¿Te ha hecho gracia?
—No mucha.
—*¡Pues imagínate a mi abuela!*

PLURAL

En la escuela, la profesora pregunta:
—Pepito, dime el plural de bicicleta.
—*¡Tándem!*

¡UNA PREGUNTA!

—¿Éste es el pueblo donde ponen motes a todo el mundo?
—No.
—Ah, vale, gracias.
—*De nada, "preguntillas".*

NOMBRE PECULIAR

—Hola, ¿cómo te llamas?
—Zara.
—¡Qué nombre más exótico!
—*Zí.*

¡ES QUE SON MUCHOS...!

—¿Sabes cómo se llaman los habitantes de Málaga?

—Pues no, *todos, no...*

ESO NO SE HACE

—¿Cómo se llaman tus hijas?

—Cuétara y Fontaneda. ¿Y la tuya?

—María.

—Pobre, pero *¿cómo le pones nombre de galleta?*

SUEÑOS INFANTILES

—He soñado que ganaba dos millones de euros, como mi padre.

—¿Tu padre gana dos millones de euros?

—*¡No, también lo sueña!*

CRESTA

Unos asteriscos están celebrando una fiesta cuando suena el timbre de la puerta.
Abren y aparece un punto.
Uno de los presentes le dice:
—Lo siento, pero esta fiesta sólo es para asteriscos.
Y el punto replica:
—¡Ya lo sé, yo también soy un asterisco, lo que pasa es que llevo *el pelo engominado*!

VENDIDO

—¿Te vendo un reloj?
—*¡¿Y yo para qué quiero un reloj vendado?!*

PATATAS

¿Qué le dice la patata al churrero?
—*¡Me tienes frita!*

ASTRONOMÍA

El Sol le pregunta a la Luna:
—¿Cómo es que estás tan pálida?
—*Es que ayer salí de noche...*

¡SERÁ BOBO!

Un tipo muy bobo está examinando su reloj atentamente:
—Hummm...
Un amigo que pasa por allí le pregunta:
—¿Tienes algún problema?
—¡Mi hermano me ha regalado este reloj y me ha dicho que *puedo bañarme con él*!
—¿Y...?
—Pues que no lo entiendo... *¡Por más que miro, no veo el grifo por ninguna parte!*

DOLOR DE CABEZA

Una bomba le dice a otra:

—*¡Ufff, tengo la cabeza a punto de estallar!*

FIRMA

Jaimito le dice a su padre:

—Papá, ¿sabes firmar con los ojos cerrados?

—Supongo que sí, ¿por qué me lo preguntas, Jaimito?

—*¡Porque tendrías que firmarme las notas de la escuela!*

¡AHORA VUELVO!

¿Qué le dice un gusano a otro?

—*Me voy a dar una vuelta a la manzana.*

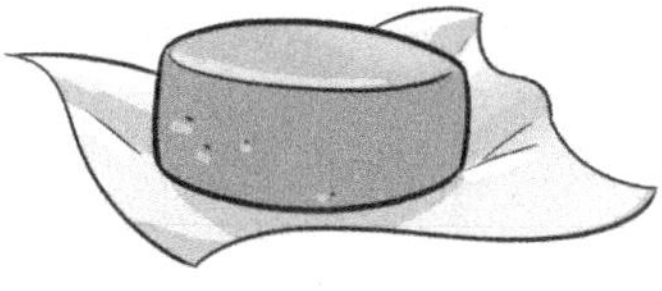

VUELO SUPERSÓNICO

—Buenos días, servicio de información del aeropuerto, ¿en qué puedo ayudarle?
—Buenos días, ¿podría decirme cuánto tarda el vuelo de Madrid a Roma?
—Sí, un minuto...
—*¡Muchas gracias, muy amable!*

ESPECIAS

¿Cuál es la especia preferida de las moscas?
¡La nuez moscada!

FILOSOFÍA EN EL JARDÍN

Un jardinero le dice a otro:
—*¡Disfrutemos mientras podamos!*

HIJO DE TARTAMUDO

Está un señor en el banco y le pregunta el cajero:

—¿Nombre y apellidos?

—Pepedro Pepérez.

—¿Es usted tartamudo?

—No, el tartamudo era mi padre *y el del registro tenía el día gracioso...*

MICROBIOS

Dos microbios se encuentran y uno le dice al otro:

—¡Caray, tienes muy mala cara!

—¡Sí, ya lo sé, *debo de haber pillado una aspirina*!

BRRR

¿Por qué el aire es tan frío por las mañanas?

¡Porque ha pasado toda la noche fuera!

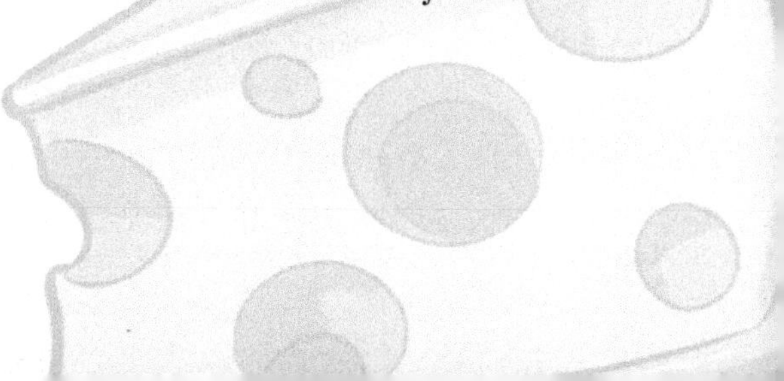

POEMA DE AMOR

Miro hacia arriba y te veo a ti; miro hacia abajo y te veo a ti; miro a la derecha y te veo a ti; miro a la izquierda y te veo a ti; miro a mi espalda y te veo a ti... *¡¿Puedes hacer el favor de apartarte?!*

PAISANOS

—¿De dónde eres?
—Yo de Madrid, ¿y tú?
—Yo de Madeira.
—¡Anda, *como Pinocho*!

TIEMPO RÉCORD

—¡Estoy muy contenta: he terminado este puzle y sólo me ha llevado 6 meses!
—Pero ¡si eso es mucho tiempo!
—¡Qué va! *En la caja ponía de 2 a 4 años...*

LA MAR SALADA

¿Por qué el mar es salado?
¡Porque está lleno de anchoas!

VIEJECITO PERO...

Se celebra un concurso de leñadores para ver quién tala más árboles. El primer concursante abate 10 árboles en una hora. El segundo, 20, el tercero, 25... Un viejecito también quiere probar suerte... y cuando llega su turno, derriba 100.

—¿Dónde ha aprendido a hacerlo? —le preguntan, sorprendidos.

—En el Sahara —responde.

—Pero ¡si aquello es un desierto!

—*¡¡¡Ahora sí!!!*

DESPISTADO

—Miguelín, ¿no ves que llevas un zapato negro y el otro marrón?
—Sí, en casa tengo otro par... *¡igual!*

FAMÍLIA DE CREÍDOS

—Papá, ¿qué se siente al tener un hijo tan guapo?
—No lo sé, hijo, *pregúntaselo a tu abuelo...*

PREGUNTAS INCÓMODAS

Un ciego le pregunta a un cojo:
—¿Qué tal andas?
Y el cojo le responde:
—*Pues ya ves...*

¡QUÉ FRÍO!

¿Qué hace el canguro cuando tiene frío? Se llena la bolsa... *¡de agua caliente!*

¡ESO NO VALE!

—¡Yo, si quiero, puedo estar diez días sin comer!
—Increíble... ¿Y cómo lo haces?
—*¡Como por las noches!*

TRABAJO DOMÉSTICO

¿Sabes por qué mamá lleva las sábanas sucias a ver una película de terror? *¡Para que se queden blancas del susto!*

¡MEJOR QUE PARE YA!

—Mi hermana anda en bici desde que tenía cuatro años.
—*¡Pues sí que debe de estar lejos ya...!*

¡PROFUNDÍSIMO!

Yo excavo, tú excavas, él excava, nosotros excavamos, vosotros excaváis, ellos excavan.
De acuerdo, como chiste no vale gran cosa... *¡pero es muy profundo!*

¡MUY MUY LEJOS!

Yo remo, tú remas, ella rema, nosotros remamos, vosotras remáis, ellos reman.
Es un chiste muy repetitivo pero... *¡así pudimos llegar remando hasta Mallorca!*

CABEZA DE PERA

Un hombre que tiene la cabeza en forma de pera va al barbero. Éste le pregunta:
—¿Qué será? *¿Lavar y... pelar?*

CON LO CANSADO QUE ESTABA...

En el baile de fin de curso, un chico se acerca a una chica que está sentada y le pregunta:
—¿Bailas?
—¡Sí!
—¡Genial, *así puedo usar tu silla*!

CASUALIDAD

¿Qué se dicen dos cajas fuertes cuando se encentran por casualidad?
—*¡Oh, qué bien combinamos!*

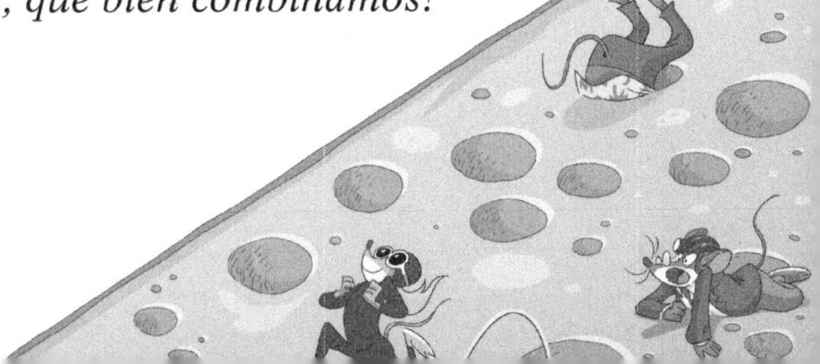

BOBALICONES

¿Por qué todos los tontos sonríen cuando cae un relámpago?
¡Para salir bien en la foto!

CARLITOS

—¡Carlitos, falta un cuarto de hora!
—¡Ah, *pues te aseguro que yo no lo he cogido*!

¡AY!

En el metro, un tipo le dice al que está a su lado:
—¡Oiga, las uñas no se muerden!
—¿Y a usted qué le importa? —le responde el otro.
—Hombre, me importa porque... *¡me está mordiendo las mías!*

TERAPIA EQUIVOCADA

Se encuentran dos amigos por la calle y uno le dice al otro:

—Pues estoy muy contento porque fui a una terapia para que se me quitaran las ganas de fumar.

—¿Y por qué estás tan contento si no te ha funcionado?

—¿Por qué lo dices?

—¡Hombre, porque estás fumando ahora mismo!

—Ya, *pero sin ganas...*

OSTRAS

¿Qué le dice una ostra a su novia cuando la saluda?

—¿Qué tal, *perla*?

¿CÓMO LO HACEMOS?

¿Sabes cómo lo hicieron aquellas dos personas tan gordas para compartir el paraguas sin mojarse?
No se mojaron porque... *¡no llovía!*

SISTEMAS DE LECTURA

—¿Tú te lees el diario de arriba abajo?
—Qué va, *¡yo lo leo de izquierda a derecha!*

¿QUÉ SE DICE?

¿Qué se dicen la cucharilla y el terrón de azúcar?
—*¡Quedamos en el café de siempre!*

¿CUÁNTOS...?

¿Cuántos idiotas se precisan para hundir un submarino?
Dos: ¡*uno* que llame a la puerta y *otro* que abra!

¿ADÓNDE...?

¿Adónde van los peces cuando se mueren?
¡Al Mar Muerto!

¡MARRANO!

—Oiga, usted, ¡haga el favor de no hacer pis en la piscina!
—Pero ¡si todo el mundo lo hace!
—Puede ser, *pero no desde el trampolín...*

¿POR QUÉ...?

¿Por qué se detuvo Moisés cuando llegó al Mar Rojo?

Porque esperó a que se pusiera... *¡verde!*

RECONOCIMIENTO

¿Cómo se sabe si un fantasma es friolero?

Porque además de la sábana también lleva... *¡una manta!*

CUESTIÓN DE PERSPECTIVA

—Papá, ¿qué está más cerca, la Luna o Córboba?

—A ver, hijo, *¿acaso tú puedes ver Córdoba desde aquí?*

¡ÑAM!

Luisito coge un pedazo de tarta de la bandeja sin pedir permiso. Su madre lo regaña:

—Niño, ¿es que no tienes lengua?

—¡Sí, pero *la alcanzo mejor con el brazo*!

ELFOS

¿Cómo se dice “camarero” en el lenguaje de los elfos?

¡Eldelbar!

QUÉ PENA

Una cebolla está en la orilla de un río, y le dice a un sauce llorón:

—¡Espero que no estés llorando *por mi culpa*!

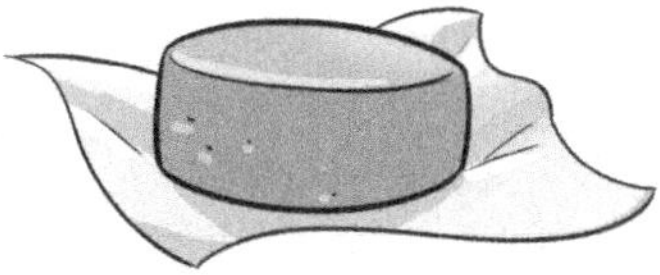

CLASE DE MÚSICA

Un profesor de piano le dice a su alumno:
—¿No te da vergüenza tocar el piano con esas manos tan sucias?
Y el alumno le responde:
—Ah, por eso no debe preocuparse: *¡Tocaré sólo las teclas negras!*

¡TODO UN HÉROE!

Dos niños hablan de las ocupaciones de sus padres.
—¡Mi padre salva muchas vidas! —dice Jaimito.
—¿Es médico?
—¡No, pinta *pasos de cebra*!

DIFERENCIAS

¿Qué diferencia existe entre la lluvia y una persona distraída?
¡Ninguna, porque ambas *están en las nubes*!

COMO TODOS

¿Cómo sale un elefante de una piscina?
¡Pues mojado!

BOFETÓN

¿Qué es un bofetón?
¡Es una caricia *a alta velocidad*!

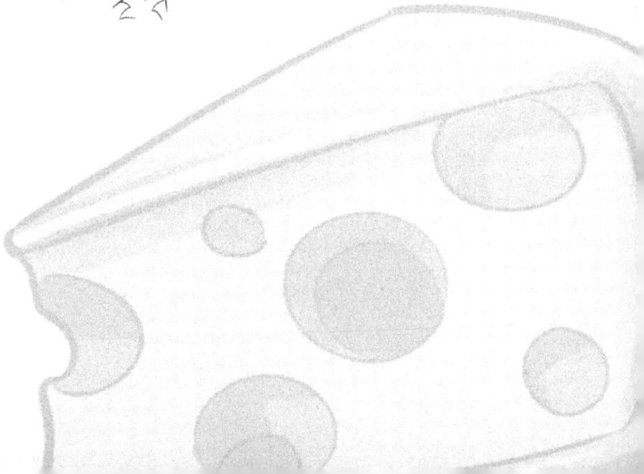

CHISTES MALOS

ENTRE PESCADORES

—¿Conoces a mi primo? ¡Es muy atrevido! ¡Tuvo el valor de meter la mano en la boca de un tiburón para extraerle el anzuelo!

—¡Increíble! ¿Y cómo se llama tu primo?

—Hum, antes todos le llamaban "El Valiente"...

—¿Y ahora?

—¡Ahora todos le llaman *"El Manco"*!

¿CÓMO SE LLAMABA?

—Me da miedo ese deporte de las espadas...

—¿Esgrima?

—No, no, *es más bien miedo.*

¡QUÉ PENA!

En el funeral de un hombre riquísimo hay una mujer que no para de llorar.
Un hombre se le acerca y le dice:
—Me imagino que usted debe de ser de la familia, ¿verdad?
—No, qué va, *¡precisamente lloro por eso!*

VACAS LOCAS

En un prado hay dos vacas.
Una le dice a la otra:
—¿No te da miedo convertirte en una vaca loca?
La segunda vaca se ríe y le responde:
—¡Qué va, *porque soy un camello*!

CAMELLOS

Un camello muy joven le pregunta a su padre:

—¿Por qué tenemos pelo?

—Nosotros somos los barcos del desierto, el pelo nos protege del calor del día y del frío de la noche.

—Papá, ¿por qué tenemos joroba?

—Nosotros somos los barcos del desierto, la joroba nos sirve para almacenar grasa y agua.

—Papá, ¿por qué tenemos pezuñas?

—Nosotros somos los barcos del desierto, las pezuñas nos sirven para protegernos de la arena abrasadora.

—Papá, si nosotros somos los barcos del desierto, *¿puedes decirme qué estamos haciendo en un zoológico?*

CHISTES VIEJOS

COCINERA DESVERGONZADA

La señora le dice a la cocinera:
—¿Se puede saber por qué cada vez que entro en la cocina la encuentro leyendo el periódico?
—Sinceramente: *porque lleva usted unos zapatos que no hacen nada de ruido.*

NIÑO LISTÍSIMO

Dos mujeres están presumiendo de lo listos que son sus hijos:
—Mi hijo es listísimo: sólo tiene un año y ya camina.
—El mío sí que es listo, que ya tiene ocho y todavía lo llevamos en brazos...

DÉJEME CONTAR...

—Martínez, ¡éste es el cuarto día que llega tarde esta semana! ¿Qué conclusión saca de eso?

—*Pues que hoy es jueves,* señor director.

UN CAMPESINO

Un joven campesino se presenta en la casa de su novia y saluda a su padre:

—Buenas noches. Vengo a solicitar la mano de su hija.

—Muy bien, chico. ¿Ya has visto a mi mujer?

—*Sí señor, y no está nada mal, pero prefiero a su hija.*

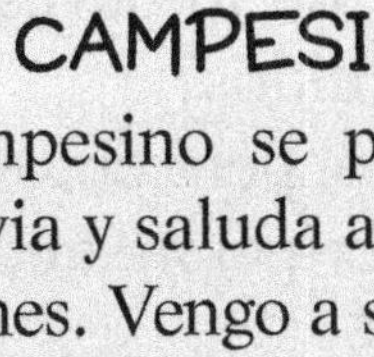

DECLARACIÓN DE FIDELIDAD

El comisario interroga a un ladrón.

—O sea, que ¿quieres hacernos creer que no robaste el brazalete, sino que te lo encontraste?

—Sí, señor.

—¿Y por qué no lo llevaste a la oficina de objetos perdidos?

—Iba a hacerlo, pero entonces vi que llevaba una inscripción que decía *"Tuyo para siempre"*.

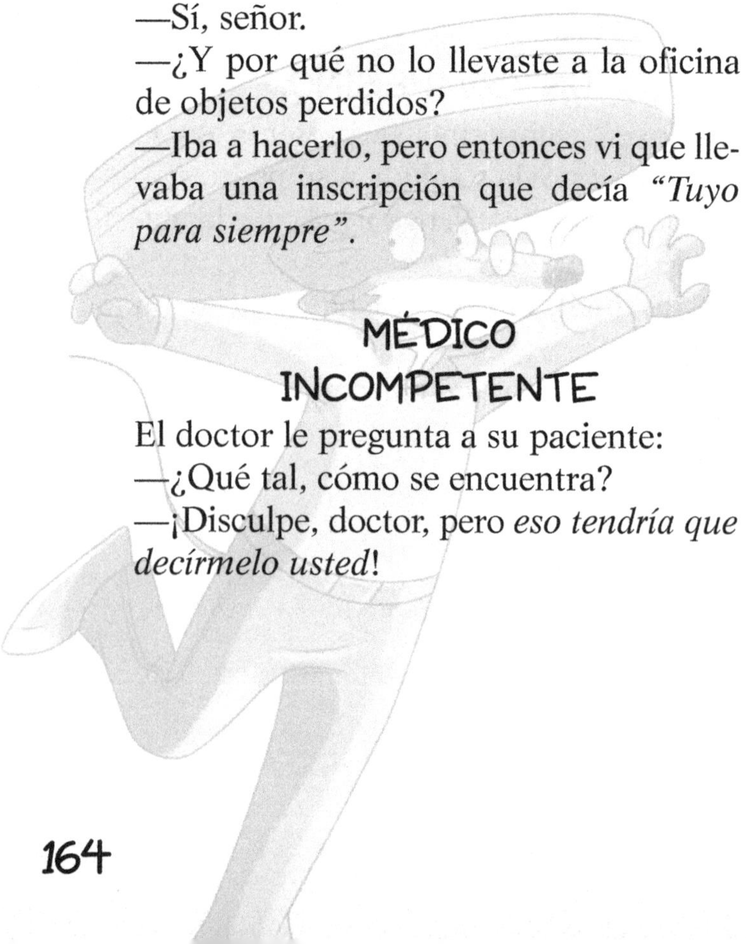

MÉDICO INCOMPETENTE

El doctor le pregunta a su paciente:

—¿Qué tal, cómo se encuentra?

—¡Disculpe, doctor, pero *eso tendría que decírmelo usted*!

FUTURO

El profesor le pregunta a uno de sus alumnos:

—Pepito, ¿cuál es el futuro del verbo bostezar?

—¡*Dormir!*

BOCADILLOS OCEÁNICOS

Un hombre entra en un bar y le pide al camarero:

—Hágame un bocadillo de ballena, por favor.

Al cabo de un rato, el camarero le dice:

—¡Lo siento señor, pero el cocinero me ha dicho que *no piensa empezar la ballena por un solo bocadillo*!

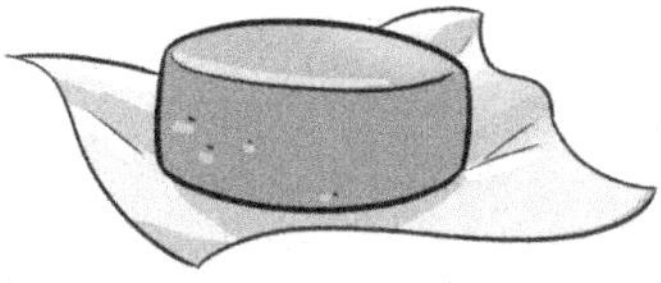

PARECE INCREÍBLE

Un amigo llama a otro y le dice:
—Hola, Juan. Mira, que te llamo por la cortadora de césped...
—¡No fastidies! *Pues se oye de maravilla...*

CAMUFLAJE

—¿Tú sabes por qué los rinocerontes se pintan las uñas de rojo?
—No, ¿por qué?
—Para camuflarse entre las tomateras.
—¿En serio?
—¿Tú has visto alguna vez un rinoceronte entre las tomateras?
—¡No, nunca!
—¡Ahí lo tienes: porque se camuflan de maravilla!

VISTAS PANORÁMICAS

¿Sabes qué es lo que se ve desde la torre más alta de Toronto?
¡Torontontero!

ENTRE LADRONES

Un hombre entra en la consulta de un dentista y le pregunta:
—Doctor, ¿cuánto me cobraría por empastarme una muela?
—200 euros.
—Supongo que le hará descuento a un colega...
—¿Por qué? ¿Usted también es dentista?
—Dentista, no. *¡Soy ladrón!*

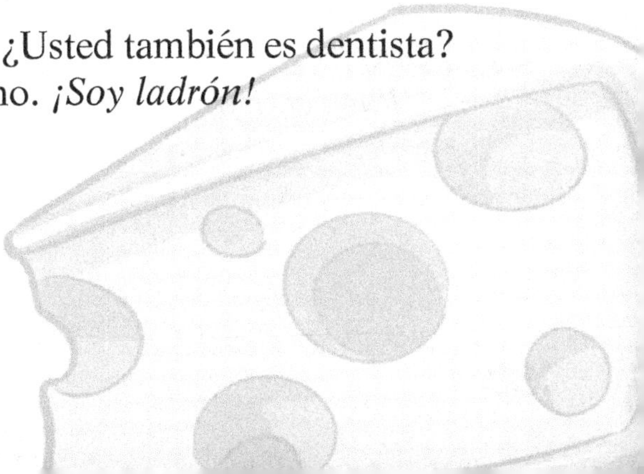

¡QUÉ DESPISTADO!

—¡Manolo, Manolo! ¡Rápido, despierta!
—¿Qué quieres?
—*¡Que se te ha olvidado tomarte las pastillas para dormir!*

VIDA PROBLEMÁTICA

¿Por qué estaba tan triste el libro de matemáticas?
Porque tenía muchos problemas.

ME DUELE TODO

—Doctor, me toco aquí y me duele, me toco allí, y también me duele, y si me toco en esta otra parte, me duele también. ¿Qué tengo, doctor?
—*¡Pues el dedo roto, hombre!*

BESOS PROHIBIDOS

Una mujer le dice a su marido:
—Fíjate en José, nuestro vecino; siempre que entra o sale de casa le da un beso a su esposa. ¡Podrías hacerlo tú también!
Y el marido le responde:
—Como quieras, pero *¡no sé si a José le hará mucha gracia!*

EL VECINO LOCO

Un amigo le dice a otro:
—Tengo un vecino que está loco: ¡se puso a aporrear mi puerta a las cuatro de la madrugada! *Por poco se me cae el taladro del susto...*

LA RANA ENTUSIASTA

El rey de la selva anunció que daría una fiesta. "¡Viva!", gritaron todos los animales. Y la rana se puso a chillar:
—¡Me lo pasaré bomba! ¡Me lo pasaré bomba!
El rey de la selva dijo:
—Habrá caramelos, pasteles y confeti.
Todos los animales dijeron a coro: "¡Viva!".
Y la rana se puso a chillar:
—¡Me lo pasaré bomba! ¡Me lo pasaré bomba!
Entonces, el rey de la selva, que ya no podía seguir aguantando los gritos de la rana, dijo:
—Invitaré a todos los animales menos a uno, que es verde, tiene los ojos saltones y es viscoso.
Todos los animales dijeron: "¡Viva!".
Y la rana gritó:
—¡Eso, eso, *que se fastidie el cocodrilo*!

SEÑOR PERSISTENTE

Un señor entra en un bar y le pregunta al camarero:

—¿Tiene uva?

—No, no tenemos.

El señor se va y al cabo de cinco minutos vuelve a entrar.

—Buenos días, ¿tiene uva?

—No, ya le he dicho que no tenemos —le dice el camarero, ya un poco mosqueado.

El señor se va y al cabo de cinco minutos entra de nuevo.

—Buenos días, ¿tiene uva?

Y entonces el camarero, que ya no puede más, le dice:

—Ya le he dicho que no, y si me lo vuelve a preguntar le clavo los pies en el suelo.

El señor sale muy triste del bar, pero al cabo de cinco minutos vuelve a entrar.

—¿Tiene clavos? —pregunta.

—No.

—*¡Ah, estupendo! ¿Tiene uva?*

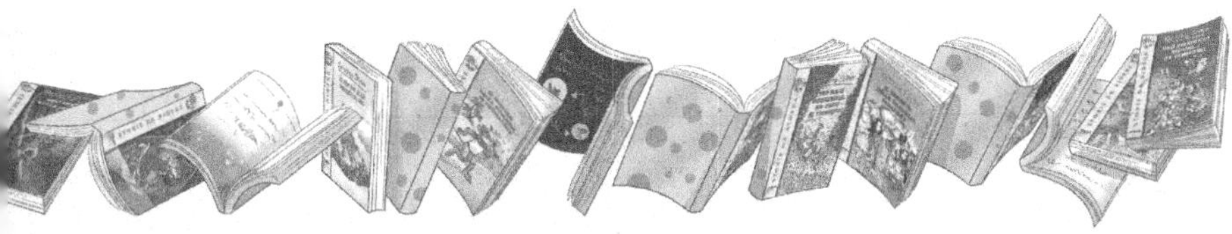

LECTOR VORAZ

Un señor entra en una óptica y le dice al dependiente:

—Quisiera unas gafas para leer.

—Pero oiga, si ayer ya se llevó unas...

Y el señor le responde:

—¡Sí, sí, *pero ésas ya me las he leído*!

CAMPANA

Un niño está haciendo los deberes y le pregunta a su padre:

—Papá, ¿cómo se escribe "campana"?

—Tal como suena.

Y el niño escribió: *"Ding-dong"*.

¡QUÉ BUENA IMPRESIÓN!

¿Qué le dice una impresora a otra?
—*¿Esta hoja es tuya o es impresión mía?*

IMITADOR

Dos madres están en el parque con sus hijos, y una le dice a la otra:
—Dile a tu hijo que deje de imitarme.
—*¡Niño, deja de hacer el tonto!*

ESPERA ETERNA

Un tomate está esperando el autobús y le pregunta a una pera:
—Oiga, ¿hace mucho que *espera*?
—*¡Desde que nací!*

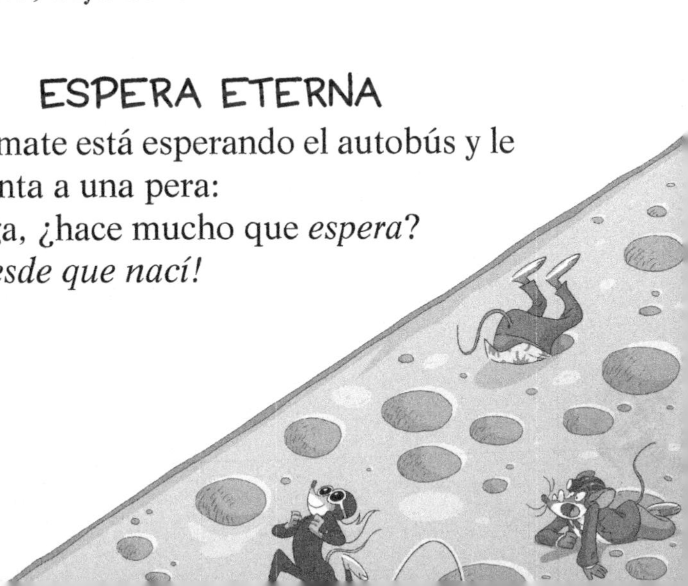

PROFESORA POCO AGRACIADA

Una profesora le pregunta a Pepito:
—A ver, Pepito, si yo digo: “Fui pobre”, esto es pasado. Y si digo: “Soy guapa”, ¿qué es?
—¡*Una mentira como una casa!*

POBREZA

—Papá, ¿los padres de Eduardo son pobres?
—No, hijo mío, ¿por qué?
—¡Pues porque *Eduardo se ha tragado un euro y están muy preocupados*!

AMNÉSICO

—¡Doctor, tengo amnesia!
—¿Ah sí, y desde cuándo?
—*¿Desde cuándo qué?*

UN PAR DE LOCOS

Dos locos empiezan a clavarse clavos en la cabeza para pasar el rato. Más tarde uno le pregunta al otro:
—¿Qué tal? ¿Te duele?
—¡Hombre, *cuando se me escapa el martillo, un poco*!

¡CHISTES MALÍSIMOS!

CONEJO FANFARRÓN

Un conejo está sentado en un banco del parque y se hace el chulo delante de todos los que pasan por allí.

Llega la jirafa y le pregunta:

—¿Qué haces, conejo?

—Tomo un té, descanso y cuando pase un león le daré un buen sopapo.

Pasa la cebra y le pregunta qué está haciendo.

El conejo le responde:

—Tomo un té, descanso y cuando pase un león le daré un buen sopapo.

Finalmente, pasa el león y le pregunta:

—¿Qué haces aquí?

—Tomo un té, descanso... *¡y digo muchas tonterías!*

POLILLAS

Una señora regresa a la droguería donde había estado un rato antes y le dice al dependiente:

—¡Quisiera doscientas bolas de naftalina!

—Pero ¿cómo es posible? ¡Si hace media hora ya se ha llevado otras doscientas! ¿Qué hace con tantas bolas?

—¡Se las lanzo a las polillas... pero no siempre acierto!

ALMUERZO

Pedrito le pregunta a su madre:

—Mamá, ¿qué hay para comer?

—Caca con tomate.

—¡Qué asco, otra vez tomate!

ATRACO A MANO ARMADA

Entra un ladrón en un banco con un gato en brazos y grita:

—*¡Quieto todo el mundo o aprieto el gatillo!*

QUÉ DIFÍCIL

Un niño que esconde algo tras la espalda le dice a otro:

—*Si adivinas cuántos caramelos tengo te doy los tres.*

PESO PESADO

Un hombre gordinflón se sube a una báscula de farmacia e introduce una moneda. La báscula le dice:

—¡Por favor, *suban de uno en uno*!

UNOS CUANTOS COLMOS

JARDINERO

¿Cuál es el colmo de un jardinero?
Que siempre lo dejen plantado.

DESPERTADOR

¿Cuál es el colmo de un despertador?
¡Tener las horas contadas!

MATEMÁTICO

¿Cuál es el colmo de un matemático?
¡Tener cálculos renales!

OVEJA

¿Cuál es el colmo de una oveja?
¡Tener una hambre de... *lobo*!

NEVERA

¿Cuál es el colmo de una nevera?
¡Tener un calentón!

RAÍZ

¿Cuál es el colmo de una raíz?
¡Estar cuadrada!

CHISTE

¿Cuál es el colmo de un chiste?
¡Morirse de risa!

ESTRELLADO

¿Cuál es el colmo de un astronauta?
¡Ver... *las estrellas*!

¡QUÉ REMANGO!

¿Cuál es el colmo de un sastre?
¡Tener... *manga ancha*!

ÁNGEL

¿Cuál es el colmo de un ángel?
¡Estar siempre *en las nubes*!

VAGO

¿Cuál es el colmo de ser vago?
Levantarse dos horas antes *para estar más tiempo sin hacer nada.*

ASTRONAUTA

¿Cuál es el colmo de un astronauta?
¡Tener *poco espacio*!

MATEMÁTICAS

¿Cuál es el colmo de un profesor de matemáticas?
¡Tener los minutos... *contados*!

ABEJA

¿Cuál es el colmo de una abeja?
¡Estar de... *luna de miel*!

SASTRE

¿Cuál es el colmo de un sastre?
Buscar una aguja... *en un pajar.*

HOMBRE DEL TIEMPO

¿Cuál es el colmo del hombre del tiempo?
¡Tener un carácter... *tempestuoso*!

VENTANA

¿Cuál es el colmo de una ventana?
¡No saber utilizar el *Windows*!

FANTASMA

¿Cuál es el colmo de un fantasma?
¡Dormir sin *sábana*!

SARTÉN

¿Cuál es el colmo de una sartén?
¡Irse a freír espárragos!

GUARDIA URBANO

¿Cuál es el colmo de un guardia urbano?
¡Desaparecer de la circulación!

SOL

¿Cuál es el colmo del sol?
¡Estar en la luna de Valencia!

CHISTES CORTITOS

VACA DE COLORES

Un pintor le pregunta a un campesino:
—¿Puedo pintar sus vacas?
Y el campesino le responde:
—¿Por qué? *¿No le gustan tal como están?*

CINE

Un loco va al cine, compra la entrada y entra en la sala. Al poco rato sale y compra otra entrada. Diez minutos más tarde vuelve a hacer lo mismo. La taquillera, intrigada, le pregunta:
—¿Cómo es que ha sacado tres entradas para la misma película?
—¡Es que hay un tío que cada vez que entro me la rompe!

POBRES

Dos pobres hablan en la calle:
—Tendré que ir al oculista.
—¿Es que no ves bien?
—*¡Parece que no: hace días que no veo un euro!*

PADRES E HIJOS

Un niño muy creído le dice a su padre:
—Papá, cuando sea mayor quiero ser como tú.
—¿Por qué, hijo mío?
—*¡Para tener un hijo como yo!*

EXPLORADORES

Dos exploradores van desarmados por la selva.
De pronto, no muy lejos, aparece un león. Uno de los exploradores saca unas zapatillas deportivas de su mochila, y el otro le dice:
—No merece la pena, con eso tampoco correrás más rápido que el león.
—¡Que el león no, *pero más rápido que tú, seguro que sí*!

DESMEMORIADO

Una mujer le pregunta a su marido:
—¿Qué te ha dicho el médico cuando le has explicado que tienes pérdidas de memoria?
—*¡Me ha dicho que pague por adelantado!*

ACTIVIDAD

La madre de Jaimito le pregunta:
—Jaimito, ¿qué haces?
—Nada.
—¿Y tu hermano?
—*¡Me ayuda!*

PAREJA ASEADA

Dos amigos se encuentran y uno le dice al otro:
—Me han dicho que en tu casa siempre friegas los platos.
—Pues sí, los platos, el piso y la terraza.
—¿Y tu mujer?
—*¡No, ella se lava sola!*

DISCRECIÓN

—Pepe, ¿puedo contar con tu discreción?
—Por supuesto. Dime, dime...
—¡Necesito dinero urgentemente!
—Ah, pues entonces no lo sabrá nadie. *¡De hecho, no he oído nada!*

CÁLCULOS SORPRENDENTES

Un médico les hace un test a tres locos.
—¿Cuánto son tres por tres?
—773 —dice el primero.
—Jueves —dice el segundo.
—Nueve —dice el tercero.
—Muy bien —le dice el médico al tercero—. Estás curado. ¿Cómo has sabido el resultado?
—Verá, ha sido muy fácil. *¡He dividido 773 entre jueves!*

SOLUCIONES DRÁSTICAS

Un hombre se está dando martillazos en la cabeza.
Un amigo que lo ve, le dice:
—¿Te has vuelto loco o qué?
—*¡No, pero si vieras qué bien me siento cuando paro...!*

CORRECCIÓN GRAMATICAL

—El otro día fuimos al cine yo y Mercedes.
—¡Será Mercedes y yo!
—Pero ¿qué dices? *¡Si tú no estabas!*

PINTORES DORMILORES

—Parece que el color que hemos elegido para la pared de la habitación nueva es muy relajante.
—¿Por qué lo dices?
—¡Porque cada vez que entro sin hacer ruido, *los pintores están durmiendo*!

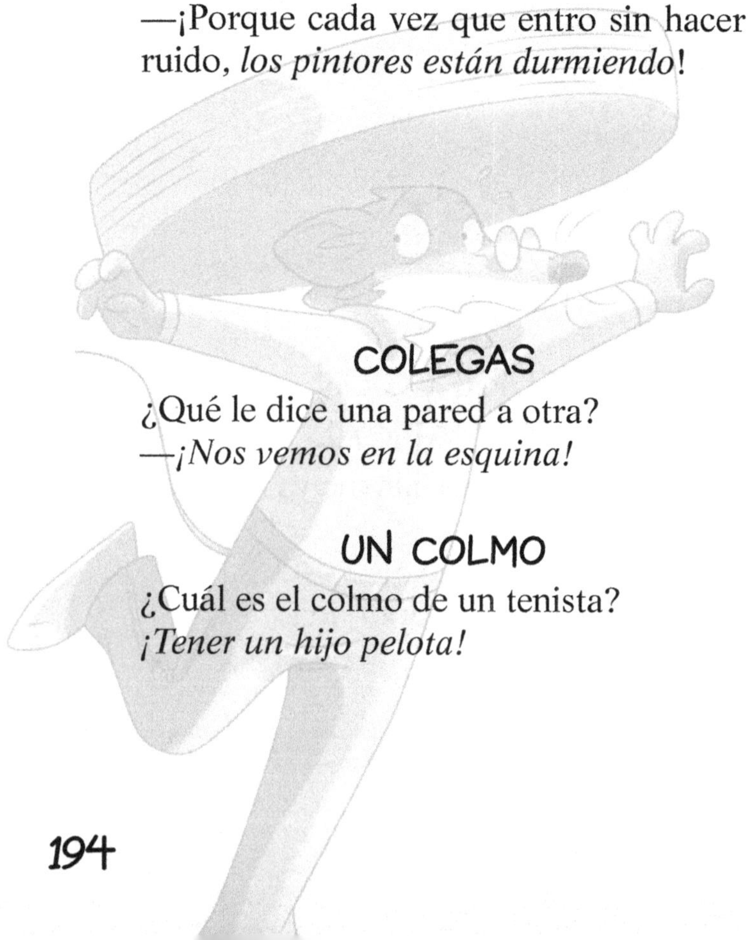

COLEGAS

¿Qué le dice una pared a otra?
—*¡Nos vemos en la esquina!*

UN COLMO

¿Cuál es el colmo de un tenista?
¡Tener un hijo pelota!

ACLARANDO UNA DUDA

—Tú sabes inglés, ¿no es así? ¿Qué quiere decir *"why"*?

—¿"Por qué"?

—¡No, sólo es *por saberlo*!

REDACCIÓN CORTA

Una profesora propone el título para el tema de la redacción: "Pasa un tren". Y el alumno copia el título y debajo escribe: *"Y yo me aparto"*.

MUSICALIDAD

—¿Ves? —le dice un padre a su hija—. Si te acercas esta caracola a la oreja, oirás el sonido del mar.

—¿Y si me pongo esta piedra —le responde la hija—, *oiré el ruido de la montaña*?

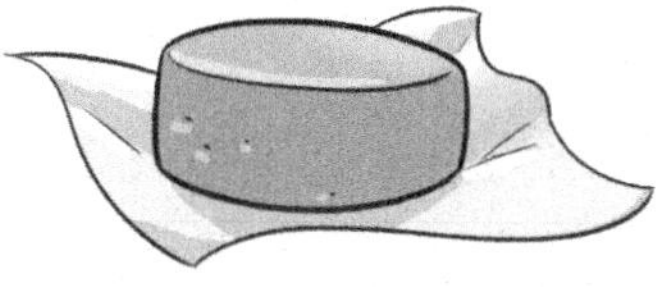

EN LA PERFUMERÍA

—¿Qué puedo hacer con las canas?
—*Mostrarles mucho respeto, señora.*

¡IDÉNTICAS!

¿Qué le dice una cría de iguana a otra?
—¡Es que somos *iguanitas*!

DESPISTADOS

—Hoy me he dejado el bigote.
—*No, hombre, no te lo has dejado: ¡si lo llevas puesto!*

OFERTAS DE TRABAJO

En una entrevista de trabajo dice el entrevistador:
—Pues muy bien, queda usted contratado.
—¿Y cuánto ganaré?
—El primer año ganará 900 euros y a partir de entonces pasará a cobrar 1.500.
—Ah, en ese caso *ya volveré dentro de un año.*

TIEMPOS VERBALES

¿Cuál es el futuro del verbo “robar”?
¡“Ir a la cárcel”!

OREJAS

—¡Qué orejas más grandes tiene! ¿No le parecen demasiado grandes para una persona?
—¿Y las suyas? *¿No le parecen demasiado pequeñas para un burro?*

RESPUESTA INCOMPLETA

—A ver, Jaimito, dime con qué mató David a Goliat.
—Con una moto, profesora.
—Pero ¡cómo que con una moto! ¡Con una honda!
—Ah, perdón, no sabía que también quería saber la marca.

TIPOS DE PELO

Un señor entra en la perfumería y le pregunta a la dependienta:
—Señorita, ¿me da un champú?
—¡Claro! ¿Lo quiere para cabello graso, seco, fino, débil...?
—No, *yo lo quiero para el pelo sucio.*

MITAD Y MITAD

—Pues el otro día, entre pitos y flautas, me gasté 400 euros.
—¿Y en qué te gastaste tanto dinero?
—*¡Pues 200 en pitos y 200 en flautas!*

ESFUERZO INÚTIL

Una madre y su hija están viendo una carrera de atletismo:
—Mamá, ¿por qué corren esas señoras en pantalón corto?
—Porque a la primera le dan un premio.
—Ah, y entonces *¿por qué corren las demás?*

DESAFINADO

—Buenos días, venía a afinarle el piano.
—Pero ¡si yo no he llamado a ningún afinador!
—Usted no, *¡pero sus vecinos sí!*

EN LA ZAPATERÍA

—Buenos días, ¿tienen zapatos de cocodrilo?
—Depende... ¿qué número usa su cocodrilo?

COLECCIÓN INSTRUCTIVA

Una madre le explica a una amiga:
—Pues yo a mi hijo le dejo que coleccione sellos porque aprende un montón de cosas. Ya verás: Jaimito, ¿dónde está Italia?
—Tres páginas después de Hungría, mamá.

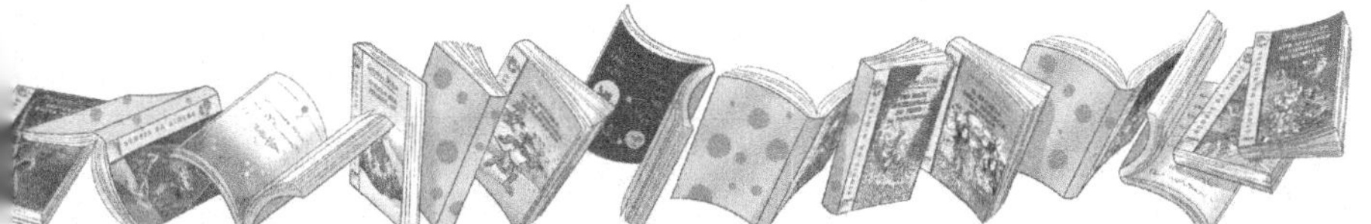

POR SI ACASO

La señora le dice a la criada:
—Enriqueta, ve al jardín, a ver qué hacen los niños, *y les dices que eso no se hace.*

EN CASA DEL ANTICUARIO

Un cliente entra en casa del anticuario y le pregunta:
—¿Es cierto que este armario es muy antiguo?
—¡Ya lo creo! —le responde el anticuario—. *¡Todos los muebles que fabricamos aquí son muy antiguos!*

EN EL RESTAURANTE

—Camarero, ¿cuándo vendrá esa sopa que he pedido? ¡Hace más de una hora que espero!
—¡Lo siento señor, *pero ha de tener en cuenta que es una sopa de tortuga*!

IMPOSIBILIDAD

En plena hora punta de tráfico, un taxi avanza a paso de tortuga.
—¡Esto no hay quien lo aguante! —protesta la pasajera—. ¿No podría ir un poco más de prisa?
—Yo sí, señora, *pero ¡entonces tendrá que conducir usted el taxi!*

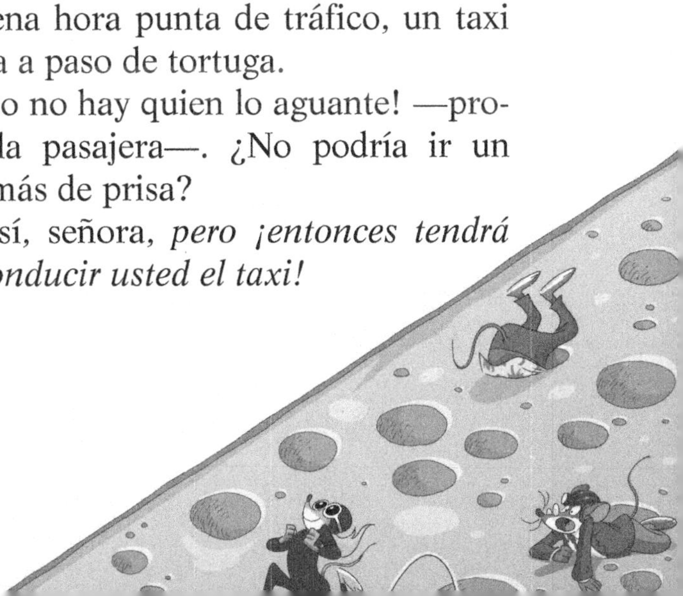

MALENTENDIDO

Un policía detiene el coche de un conductor borracho y le pregunta:

—¿Me da usted su permiso para circular?

—*Claro que sí, agente, circule, circule...*

EL TERCER ELEMENTO

—¿Qué diferencia hay entre un elefante, una pulga y la familia? —le pregunta un amigo a otro.

—No lo sé.

—Pues que el elefante puede llevar encima la pulga, pero la pulga no puede llevar encima al elefante.

—¿Y la familia?

—*La familia muy bien, gracias. ¿Y la tuya?*

DE PESCA

—¡Eh, joven, aquí no puede pescar!
—Ya lo veo, ya. *¡Hace cinco horas que estoy aquí y no ha picado ni un pez!*

HAY QUE AHUYENTARLOS

—Pero hombre, ¿por qué vas por la calle dando palmas?
—Pues hombre, ¿por qué va a ser? ¡Para espantar a los elefantes!
—¡Pero sí aquí no hay ninguno!
—*¿Ves como funciona?*

COPIA DESCARADA

—Pedrito, ¿has copiado el examen de Pablito?

—¿Por qué lo pregunta, señorita?

—Porque en la primera pregunta él ha respondido “No lo sé” y tú has contestado “Yo tampoco”.

¡QUÉ MONADA!

—¡Qué niña más mona!

—Es un niño.

—*¡Pues que niño más simio!*

DETECTIVES DISCRETOS

—¿Sí, diga?

—¿Es el Servicio Secreto?

—Lo siento, *no se lo puedo decir...*

A PRIMERA VISTA

—Se encuentran dos amigos y uno le dice al otro:
—Oye, Juan, qué bien te veo.
—Sí, es que ayer coincidí con una chica en el ascensor y nos hemos enamorado... *¡dice que soy el amor "de subida"!*

¡SANTA PACIENCIA!

—Está un señor pescando cuando se le acerca otro y se le queda mirando. Al cabo de dos horas, el que está pescando le pregunta al otro:
—¿Qué? ¿A usted también le gusta la pesca?
—¡Qué va! *¡Yo no tengo tanta paciencia!*

TRUCOS DE BICICLETAS

Dos chicos van en bicicleta. De pronto, uno de ellos se detiene y desinfla la rueda trasera.

—¿Por qué has hecho eso? —le pregunta el otro.

—Porque la bicicleta es demasiado alta.

Al cabo de poco, el segundo se detiene y gira el manillar en sentido contrario.

—¿Por qué lo has girado? —le pregunta el primero.

—*¡Estoy cansado, me vuelvo a casa!*

CONVERSACIÓN ESCUETA

Dos amigos se encuentran por la calle.

—Pepe, veo que llevas un reloj nuevo.

—Sí.

—¿Marca?

—*La hora.*

CHISTES CAMPESTRES

¡QUÉ MAL HUELE!

Un campesino que se llama Anselmo se encuentra con su amigo José.
—¡Hola, José! ¿Sabes? Me he comprado un cerdo.
—Pero si no tienes espacio para guardarlo.
—Ah, no hay problema: lo pondré en mi habitación.
—¿Con lo mal que huele?
—Bueno, *¡ya se acostumbrará!*

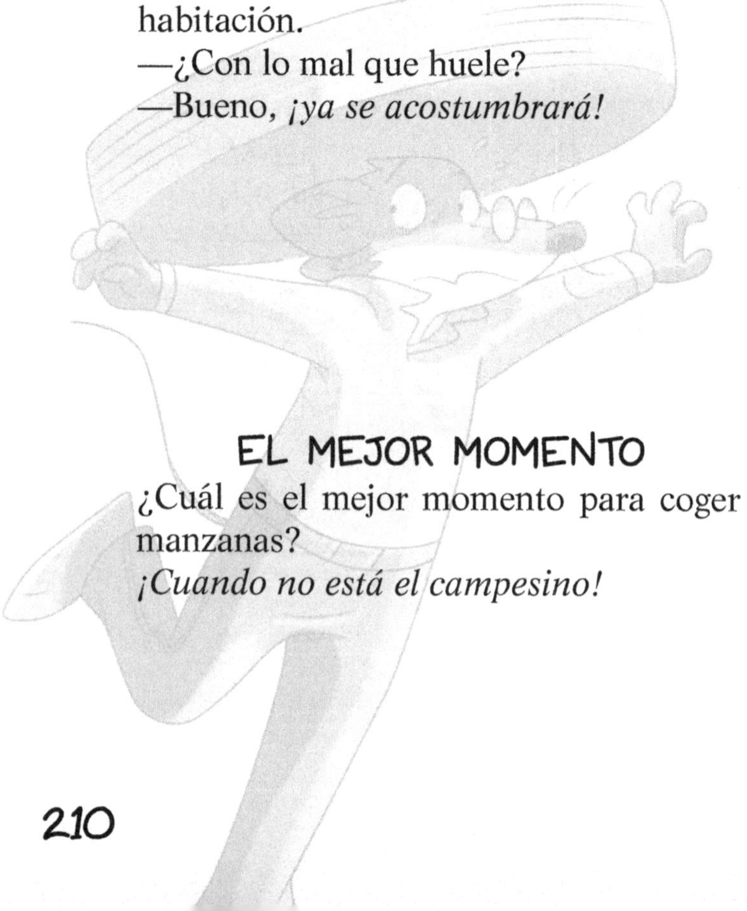

EL MEJOR MOMENTO

¿Cuál es el mejor momento para coger manzanas?
¡Cuando no está el campesino!

QUÉ ATROPELLO

Un señor está leyendo el periódico y lee en una noticia: “En Nueva York cada hora atropellan a un hombre”. Y exclama:

—¡Hay que ver, *cómo debe de estar el pobre hombre*!

KIRIKIKÍ

Un campesino ve que su vecino le está dando vueltas a la cola de un gallo. Intrigado, le pregunta qué está haciendo.

Y el otro le responde:

—*¡Le estoy dando cuerda porque mañana tengo que madrugar!*

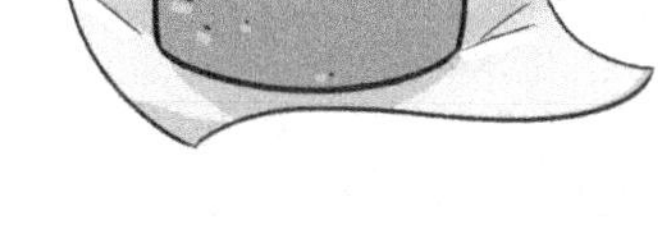

INSPECCIÓN

Un inspector sanitario le pregunta a un granjero:

—¿Qué les da de comer a sus gallinas?

—Pienso industrial.

—Muy mal: ¡40 euros de multa!

Al día siguiente vuelve y le pregunta:

—¿Qué les da de comer a sus gallinas?

—Maíz.

—Muy mal: ¡40 euros de multa!

Al día siguiente el inspector regresa de nuevo:

—¿Qué les da de comer a sus gallinas?

—¡Mire usted, *les doy dinero y que se compren lo que quieran*!

PESTAZO

¿Cuál es la planta más apestosa?
¡La de los pies!

SE NOS HA HECHO TARDE

Un amigo le dice a otro:
—¿Sabes qué hora es?
—Son las doce.
—¡Las doce! ¡Es tardísimo!
—*¡Pues haberme preguntado antes!*

UN CHISTE AL REVÉS

Un campesino ve a dos policías que están cogiendo uvas de su viña y le dice a su hijo:
—¡Corre, chico, *ve a avisar a los ladrones*!

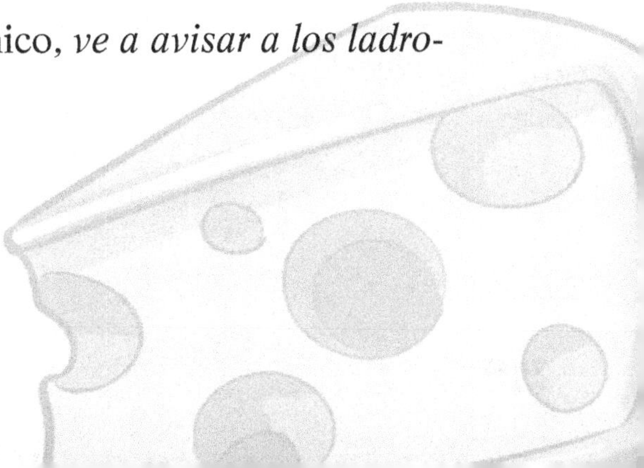

CAMPESTRES

OVEJAS

Un pastor le pregunta a otro:
—¿Tú cuántas ovejas tienes?
—¡Uf, muchísimas!
—Sí, pero ¿cuántas?
—¡Pues la verdad es que no lo sé!
¿Cómo que no lo sabes?
—Es que... cuando empiezo a contarlas, *¡siempre me acabo durmiendo!*

¡PUAJ!

Un campesino está empujando un carro lleno de estiércol.
Un memo pasa por su lado y se detiene a preguntarle:
—¿Qué piensa hacer con todo este estiércol?
—Lo pondré encima de las fresas.
—¡Qué asco! *¡Yo, a las fresas, les pongo azúcar!*

CHISTES SEPULCRALES

VACACIONES PECULIARES

¿Adónde van los fantasmas de vacaciones?
¡Al Mar Muerto!

NO SOMOS NADA

En un velatorio, un hombre se acerca a otro y susurra:
—No somos nada
—Nosotros tampoco, ¡pero *daban pinchos*!

¡SENTADO NO!

—Entra un hombre al velatorio y le dice a la viuda:
—Lo siento.
—No, *mejor déjalo tumbado...*

MUERTE NATURAL

—Ha muerto de muerte natural.
—¡¿Qué dice, señor forense, si le han dado ocho puñaladas?!
—Hombre, *es que con esas heridas lo natural es morirse...*

FAMILIA DE PIZZAS

Una pizza está en el cementerio y se encuentra a otra que está llorando, desconsolada, y le pregunta:
—¿Era una familiar?
—No, *era mediana...*

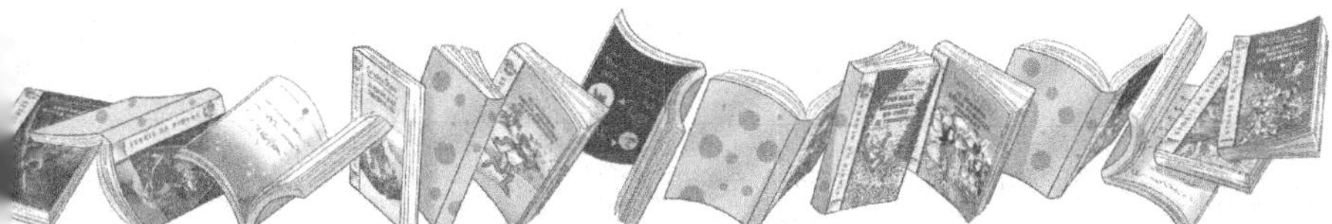

¿ANTES?

En la consulta, un médico le reprocha a un esqueleto:

—¡Hombre, *ya podría haber venido usted un poco antes*!

NIEVE

Un fantasma le dice a otro:

—¿Has visto cómo ha nevado?

—Sí..., ¡suerte que ya llevamos puestas *las cadenas*!

BATIBURRILLO DE CHISTES

MUY BONITA

Le dice un sargento a un soldado:
—¡Soldado, ice la bandera!
—*Pues le quedó preciosa, mi sargento.*

OBSESIONES

—¿Desde cuándo está obsesionado con que es un perro?
—Pues... *¡desde que era un cachorro!*

LOCOS

Dos locos se escapan de un manicomio. Llegan a una esquina y se ponen a dar vueltas a una farola. Cuando están a punto de llegar los enfermeros, uno le dice al otro:

—¡Vámonos de aquí o nos pillarán!

—¡No creo! *¡Les llevamos 35 vueltas de ventaja!*

EN EL JUCIO

Durante un juicio, el juez le pregunta al acusado:

—¿Cómo se las pudo apañar usted para abrir la caja fuerte y robar todo el dinero en tan sólo 15 minutos?

—¡Señor juez, lo siento pero *no doy clases gratis*!

EN LA CARINCERÍA

Entra un señor en una carnicería y dice:
—Póngame aquella cabeza de cerdo, por favor.
—¡Lo siento, *pero eso es un espejo*!

DEBERES

La profesora de matemáticas está poniendo los deberes para el día siguiente:
—Haréis los cinco primeros problemas de la página 6... y también los cinco primeros de la página 17... —Los niños toman nota y se oyen suspiros—. Y la página 18 entera.
De pronto, se oye una voz quejándose.
—*¡Uf, pobre papá, no sabe la que le espera!...*

ANIMALES DE TODA ESPECIE

Un hombre con un loro en el hombro entra en un bar.
El camarero le pregunta:
—¿Este animal habla?
Y el loro le responde:
—*¡Y a mí qué me cuenta!*

CORRESPONDENCIA

Dos enfermeras de un manicomio ven a un loco escribiendo una carta.
—Hola, Carlos —le dice una de ellas—. ¿A quién le escribes esta carta?
—A mí mismo.
—Ah, ¿y qué pone?
—*¡No lo sé, aún no la he recibido!*

UN CHISTE NUEVO

—¿Conoces el chiste del zoo?
—No.
—*...¡lógico!*

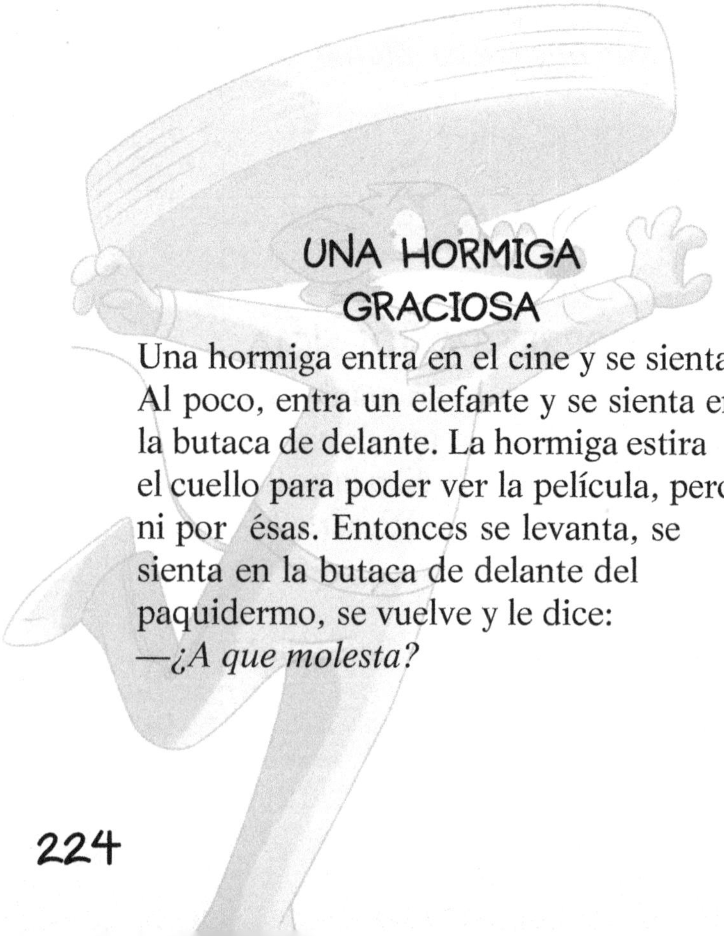

UNA HORMIGA GRACIOSA

Una hormiga entra en el cine y se sienta. Al poco, entra un elefante y se sienta en la butaca de delante. La hormiga estira el cuello para poder ver la película, pero ni por ésas. Entonces se levanta, se sienta en la butaca de delante del paquidermo, se vuelve y le dice:
—*¿A que molesta?*

CHICLES

Se abre el telón y se ven dos chicles dando vueltas.
Se cierra el telón.
¿Cómo se llama el espectáculo deportivo?
¡La vuelta chiclista!

NOMBRES

—Le he puesto gafas a mi hijo.
—*¡Pues qué nombre más feo, ¿no?!*

EN LA FARMACIA

Entra un tipo en una farmacia y dice:
—¿Tiene pastillas para los nervios?
—Sí.
—¡Pues tómese una *porque esto es un atraco*!

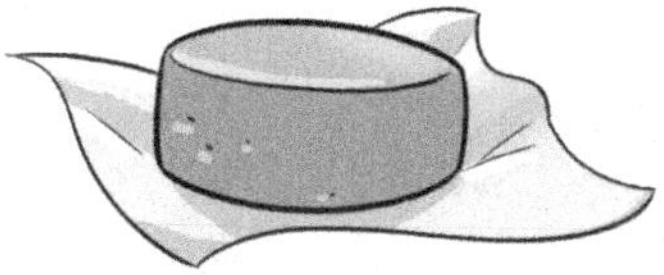

CAMBIO DE MENÚ

Una mujer se encuentra a una vecina y la nota preocupada.

—Pepita, ¿qué te pasa? —le pregunta.

—Pues verás, he mandado a mi marido a comprar medio kilo de patatas para hacer una tortilla y resulta que lo ha atropellado un camión.

—¡Caray! ¿Y qué piensas hacer?

—Pues ¡supongo que *haré macarrones*!

CON EL TIEMPO

Un hombre va por la calle y le pregunta a otro:

—Perdone, ¿la calle Sagasta?

—Pues hombre, si va usted arrastrando los pies, ¡claro que *sa gasta*!

PREGUNTA COMPLICADA

La profesora le pregunta a Jaimito:

—A ver, Jaimito, ¿sabrías decirme una palabra que tenga cinco íes?

—¡Ufff, eso es *dificilísimo*!

—*¡Muy bien, Jaimito!*

DUDA TEMPORAL

—Profesor, ¿"ayer" se escribe con hache?

—No.

—¿Y "hoy"?

—Sí, "hoy" sí.

—*¿Y cómo puede cambiar tanto de un día para otro?*

¡QUE TE ASFIXIAS!

¿Qué le dice una uva verde a una uva morada?

—*¡Respira, hija mía, respira!*

¡VAYA FAMILIA!

—Una familia muy avara va al cine.
El padre le dice a la taquillera:
—Disculpe, ¿podría hacerme un descuento de grupo?
—No —dice la taquillera.
—Y si salimos a mitad de la película, ¿podemos pagar media entrada?
—¡No!
—Y si miramos la película con un solo ojo, ¿nos hará una rebaja?
—¡No!
—*¡Tacaña!*

VARIEDAD DE PERAS

—Mamá, mamá, ¿las peras son transparentes?
—¡Claro que no!
—¡Pues entonces *he comprado un kilo de bombillas*!

ENCUENTRO ESPACIAL

—Atención, atención. Nave espacial llamando a la base. Nave espacial llamando a la base... Un ovni nos está fotografiando. ¿Qué hacemos?
Habla la base:
—*¡Sonreíd!*

TV

La madre de Jaimito le dice:
—¡Jaimito, no puedes pasarte todo el santo día delante del televisor!
—Mamá, *¡es que desde atrás no se ve nada!*

EN LA COCINA

—Jaimito, ¿has visto el colador?
—¡Sí, mamá, *pero lo he tirado porque estaba lleno de agujeros*!

TELEGRÁFICO

Tema de la redacción: "¿Cómo has pasado las vacaciones de verano?".
Redacción de Jaimito:
"*Muy bien, gracias. ¿Y usted?*".

HISTORIA

Jaimito le dice a su amigo:
—Tuvo que ser estupendo vivir en la Edad Media...
—¿Ah, sí? ¿Por qué?
—*¡Porque tenían mil años menos de historia por estudiar!*

ELÁSTICA

La profesora le pregunta a Jaimito:
—Jaimito, di una palabra larga.
—"Goma" —dice el niño.
—Pero "goma" no es muy larga.
—¿Ah, no? *¡Pruebe a estirarla y verá cómo se alaaaaaaaaaaaarga!*

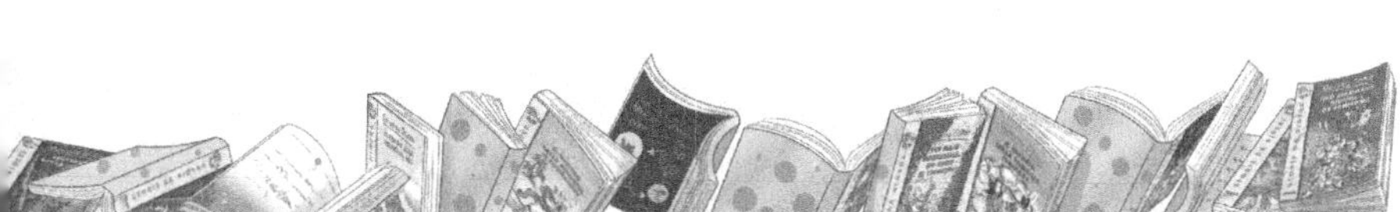

VERBOS

La profesora le dice a Jaimito:

—Jaimito, conjuga el verbo "caminar".

—Yo camino, tú caminas, él camina...

—¡Más de prisa!

—*Nosotros corremos, vosotros corréis, ellos corren...*

AZÚCAR

—Mamá. ¿Me pones otro terrón de azúcar en la leche?

—¡Jaimito, pero si ya te he puesto tres!

—¡Sí, *pero es que se deshacen*!

FUNERAL

Un hombre se murió un lunes y dijo:

—¡*Pues sí que empezamos bien la semana!*

EN LA BIBLIOTECA

Un chico le pregunta a la bibliotecaria:
—¿Puede ayudarme? Estoy buscando dos libros titulados *El gran sentido del humor de los alemanes* y *La deliciosa cocina inglesa*.
—Mira, *el primero lo encontrarás en la sección de ciencia-ficción y el segundo en la de literatura de terror.*

PREGUNTA PERTINENTE

—¡Jaimito, me estás agotando! ¡Vete ahora mismo a la cama! —dice su madre, agotada.
—Pero, mamá, si la que está cansada eres tú, *¿por qué me tengo que ir yo a la cama?*

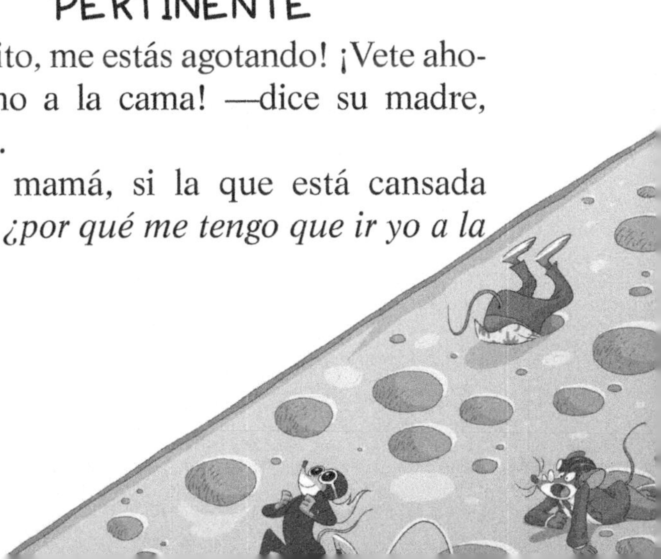

BIGOTE

En el autobús, un señor se percata de que Jaimito lo está mirando con insistencia. Al cabo de poco le dice, molesto:

—Eh, niño, ¿por qué me miras así?

—Porque, aparte del bigote, ¡es usted idéntico a mi tía Teresita!

—¡Pero si yo no llevo bigote!

—*¡Por eso lo digo!*

MOTO

—Papá, hoy he conducido una moto por primera vez. ¿Quieres que te diga qué tal ha ido... *o prefieres leerlo mañana en los periódicos*?

UN CHISTE QUE APESTA

Una señora le dice al médico:

—Verá, doctor, me tiro muchísimos pedos, aunque ni se oyen ni huelen mal. Piense que aquí, en la consulta, ya me he tirado unos veinte.

—Tómese esta medicina y vuelva de aquí a tres días.

Tres días más tarde la señora vuelve y dice:

—Doctor, no sé qué era lo que me dio, ¡pero de repente mis pedos, aunque siguen sin oírse, se han vuelto malolientes!

Y el doctor responde, satisfecho:

—¡Estupendo, ahora que ya hemos curado su problema de olfato, *pasaremos a su oído*!

BATIBURRILLO

ADIVINANZA DIFÍCIL

Dos tontos se encuentran por la calle y uno le pregunta al otro:

—¿Qué llevas en esa cesta?

—Si lo adivinas, te doy un racimo.

—*¡Croquetas!*

CHISTES DE MÉDICOS

RAZÓN

—Doctor, últimamente me veo más gordo y más feo... ¿Qué tengo?

—*Mucha razón.*

MUY PELUDO

Entra un señor muy peludo a la consulta del médico y le dice:

—Doctor, ¿qué padezco?

—Padece *uzted* un *ozito*.

BUENA COMBINACIÓN

—Doctor, ¿qué me recomienda para los dientes amarillos?

—*Corbata marrón.*

DISTRACCIÓN

—Señora, ¿cómo se ha hecho esas quemaduras?
—Verá, doctor, estaba planchando, y cuando sonó el teléfono, en lugar de coger el auricular, me puse la plancha en la oreja.
—¿Y cómo se explica la quemadura en la otra oreja?
—Ah..., *¡es que después llamé a urgencias!*

LÓGICO

—Doctor, hace más de una semana que no como, ni bebo, ni duermo... ¿qué tengo?
—Pues imagino que *hambre, sed y sueño.*

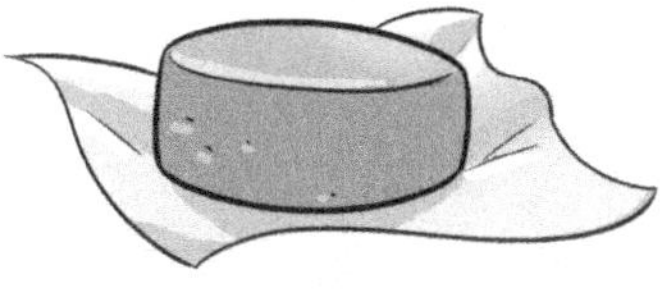

SOLUCIÓN

—Doctor, no lo entiendo, cada vez que me tomo un café siento una dolorosa punzada en el ojo derecho.
—*¿Ha probado a sacar la cucharilla de la taza?*

OIGO VOCES

—¡Doctor, oigo voces, pero no veo a nadie!
—Señora, ¿cuándo le sucede?
—*¡Siempre que hablo por teléfono!*

GRACIAS

Tras la intervención, una paciente le dice a un célebre cirujano:
—¡Gracias, doctor, le debo la vida!
—Sí... *¡la vida y 4.000 euros!*

CONSEJO

—Doctor, hace una semana que trabajo como un burro, bebo como un camello y tengo una fiebre de caballo. ¿Qué me aconseja?

—Hombre, *¿por qué no prueba a ir a un veterinario?*

¡MILAGRO!

—Doctor, dígame la verdad: ¿después de la operación ¿podré tocar la guitarra?

—Sí, hombre, por supuesto.

—¡Qué bien, *porque antes no sabía*!

¡RÁPIDO!

—¡Doctor, me quedan 59 segundos de vida!

—Disculpe, *¿puede esperar un minuto?*

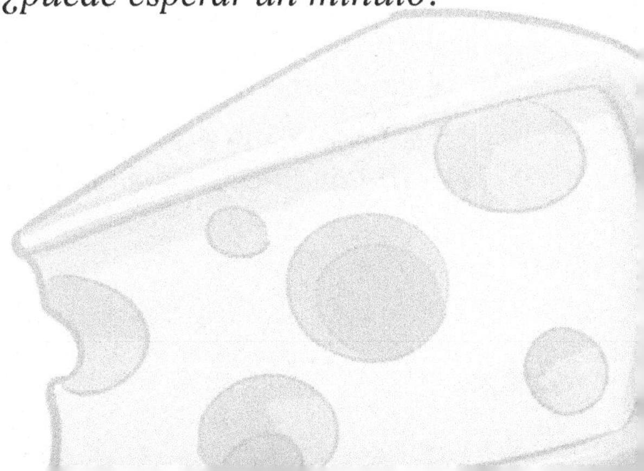

¡SÓLO SEIS!

Dos amigos se encuentran y uno le dice al otro:

—¿Cómo estás, Pepito?

—Pues verás, acabo de salir del médico y me ha dicho que tengo que tomarme una pastilla al día durante el resto de mi vida —le explica Pepito, muy abatido.

—¡Vamos hombre, que no hay para tanto!

—¡Es que me ha dicho que *sólo necesitaré seis pastillas*!

SÍNDROME DE HARRELSON

—Ya tenemos su diagnóstico: tiene usted el síndrome de Harrelson.

—¿Y eso es grave, doctor?

—Todavía no lo sabemos, señor Harrelson.

¡QUÉ CONFUSIÓN MÁS TONTA!

—Doctor, doctor, ¡mi mujer está a punto de dar a luz!
—¿Es su primer hijo?
—No, hombre, no, *soy su marido.*

FOBIA

Un hombre, convencido de que tenía mil hormigas recorriéndole todo el cuerpo, acude al médico, fuera de sí:
—¡Haga alguna cosa, tengo mil hormigas encima!
—Pero ¿qué hace? *¡No me toque, que me las va a pasar a mí!*

PRESCRIPCIÓN MÉDICA

Un tipo entra en un bar y empieza a gritar:

—¡Vamos, todo el mundo fuera! ¡Tienen que salir todos del bar!

El propietario, furioso, le pregunta a qué viene tanto escándalo, y el hombre le responde:

—*¡Lo siento, pero el médico me ha dicho que debo tomar el café solo!*

MIEDO

Un cirujano visita a un paciente que está a punto de ser operado.

El paciente está muy nervioso.

—Doctor, ¿saldré de ésta?

—No se preocupe. Esta operación la he realizado más de cien veces...

—¡Ah, así ya me quedo más tranquilo!

—¡Y sepa que *una vez incluso me salió bien*!

NADA DE ESCALERAS

El abuelo de Luis se rompe una pierna y lo llevan al hospital.
El médico se la escayola y le dice:
—Ya puede irse a casa. Vuelva dentro de un mes, y, recuerde: ¡nada de escaleras!
Al cabo de un mes el abuelo vuelve al hospital la mar de sonriente y le pregunta al médico:
—¿Qué, ya me pueden quitar el yeso?
—Sí, por supuesto..., pero ¿por qué está tan contento?
—*¡Porque ya empezaba a estar harto de tener que encaramarme al árbol del jardín para entrar en mi habitación por la ventana!*

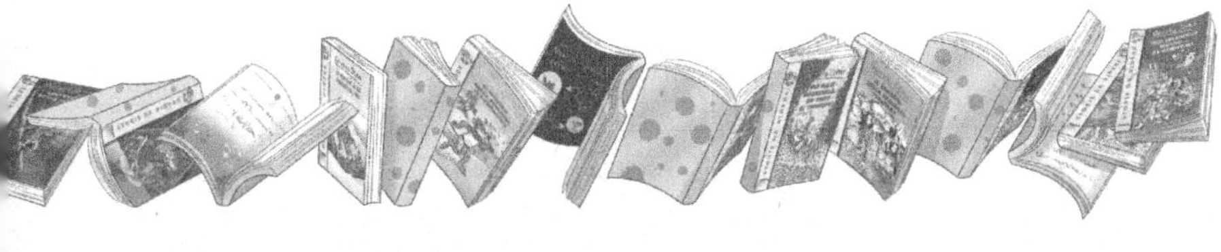

EN EL MÉDICO

Un hombre va al médico porque está muy preocupado.

—Verá, doctor, tengo la sensación de que nadie me escucha. Hablo y nadie me hace caso, y me temo que mis palabras aburren a la gente... ¿Qué puedo hacer?

—*¡Enfermera, que entre el próximo paciente!*

CHISTES DE TENDEROS Y ARTESANOS

COMPETENCIA

Tres zapateros de una misma calle cuelgan carteles en sus respectivas tiendas para atraer clientes. El primero pone: "¡Aquí trabaja el mejor zapatero del mundo!".
El segundo pone: "¡Aquí trabaja el mejor zapatero del universo".
Y el tercero, que es el más astuto, escribe: *"¡Aquí trabaja el mejor zapatero de esta calle!".*

QUÉ MÀS DA...

En el mercado.
—Quisiera una manzana.
—¿Verde o roja?
—¡Qué más da! *¿No ve que voy a acabar pelándola?*

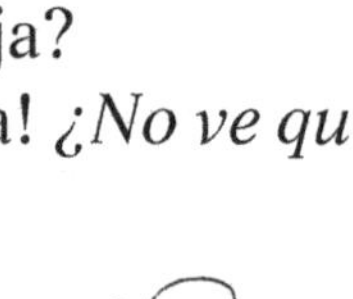

IDIOMAS

—Camarero, ¿me pone un bocadillo de tortilla?
—¿Francesa o española?
—Da igual, *¡no pienso hablar con ella!*

¡QUÉ TRISTE!

Todos los días, un viejecito baja al quiosco de la esquina y compra el periódico para consultar las páginas de las esquelas. Y todos los días dice lo mismo:
—¡Ah, qué bien, hoy tampoco salgo!
Un día, sin embargo, el dueño del quiosco se da cuenta de que el señor no se ha presentado. Entonces mira la sección de esquelas, reconoce el nombre y la foto del viejecito, y dice en voz alta:
—*¡Qué triste, hoy que salía en el periódico, no ha venido a buscarlo!*

COMPAÑÍA

Una señora entra en una tienda de animales domésticos y pregunta:

—¿Tiene un gato que haga compañía?

—Lo siento mucho —le responde el tendero—, *¡nuestros gatos sólo hacen miauuu!*

MANUAL

Un hombre entra en una librería.

—Buenos días, quisiera el manual *Cómo defenderse de los ladrones.*

—*¡Lo siento, pero esta noche me han robado el último ejemplar que me quedaba!*

NO SOY...

Una mujer le dice a su marido:

—Querido, el grifo gotea...

El marido, que es un vago, le dice:

—Cariño, yo no soy fontanero.

Y al cabo de un rato...

—Este cajón no cierra bien.

—No soy carpintero —le responde él.
Más tarde...
—Querido, la radio no funciona...
—Yo no soy un técnico —contesta.
Unos días más tarde, el marido llega a casa del trabajo y ve que todo funciona a la perfección. Entonces le pregunta a su mujer cómo lo ha logrado.
Ella le explica que el nuevo vecino de la escalera lo ha arreglado todo.
El marido, un poco celoso, le pregunta:
—¿Y no ha pedido nada a cambio?
—Me ha dicho que podía escoger entre hacerle una tarta o darle un beso.
—Supongo que habrás escogido la tarta...
—¡Querido, *yo no soy pastelera*!

FABRICANTES

—Todo el mundo mete la nariz en mis negocios.
—¿Y eso no te molesta?
—No, al contrario. *¡Soy fabricante de pañuelos!*

¡NO LO SÉ!

Un albañil se cae de un andamio.
A su alrededor se forma un círculo de curiosos.
Llega un guardia y pregunta:
—¿Qué ha pasado aquí?
El albañil se levanta medio aturdido, se sacude la ropa y dice:
—¡Ah, yo no lo sé, *acabo de llegar*!

DISFRACES

Un señor entra en una tienda de disfraces y pregunta:

—¿Tienen trajes de camuflaje?

—¡Sí, *pero hace dos meses que los estamos buscando*!

UN POCO DE AMABILIDAD

Un hombre entra en una perfumería y pide un champú.

El dependiente lo mira un instante y pregunta, con voz monótona:

—Grasiento, casposo, aceitoso, reseco...

—¡Oiga, yo he venido a comprar un champú, *no a que me insulten*!

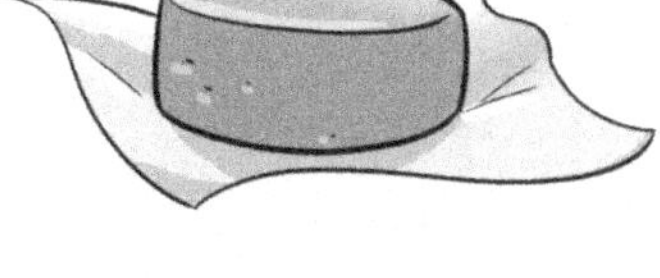

DE MUSEO

Dos mujeres están hablando:
—Mi marido dice que cuanto mayor me hago, más interesante me encuentra.
—Qué majo, ¿no?
—De majo, nada. *¡Es arqueólogo!*

EN EL SASTRE

Una señora va al sastre para que le tome las medidas de una americana. El sastre le dice:
—¡Fíjese, qué maravilla! ¡Le sienta como *un guante*!
—¡Pero si las mangas me llegan a los dedos!
—*¡Exacto, es lo que yo le decía!*

EN LA COLA

Un tipo va a la oficina de correos y dice:
—Quisiera enviar esta carta.
El empleado le responde:
—Póngase en la cola.
Como en la estafeta no hay nadie más esperando, el hombre vuelve a intentarlo.
—Quisiera enviar esta carta.
—Ya le he dicho que se ponga en la cola.
Exasperado, el hombre grita:
—¡Ya basta!
El empleado le dice:
—¡Oiga, tampoco hace falta ponerse así!
Y el tipo le responde:
—*¡Hay que ver, con la de gente que hay aquí, y le ha dado por meterse conmigo!*

EN LA FARMACIA

Un indio piel roja entra en una farmacia y dice:

—Gran Jefe, no caca.

El farmacéutico le da un purgante.

Al cabo de tres días, el indio vuelve a la farmacia.

—Gran Jefe, no caca.

El farmacéutico le da un purgante un poco más fuerte.

Tres días más tarde, se repite la misma historia. Entonces el farmacéutico, harto de ver al indio, le da un purgante fortísimo.

Al día siguiente, el indio entra arrastrándose en la farmacia y dice:

—*¡Gran Caca, no jefe!*

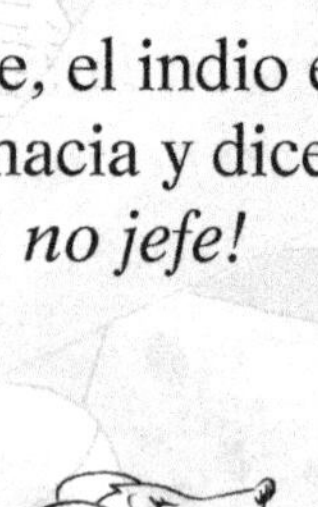

AL TELÉFONO

Un vendedor llama por teléfono a un cliente, y le responde un niño de cuatro años.

—¿Están tu papá o tu mamá?

—¡No!

—¿Y no hay nadie más contigo?

—Sí, mi hermana.

—¿Podrías decirle que se ponga al teléfono?

Tras un largo silencio, el niño dice:

—Lo he intentado pero *¡no puede bajarse de la cuna!*

UN MONTÓN DE TORTILLAS

Un hombre le explica a su amigo:
—¿Sabes qué? Mi familia me quiere encerrar en el manicomio
—¿Ah, sí? ¿Y por qué?
—Porque me gustan mucho las tortillas de patatas.
—Hombre, qué exagerados. ¡Si a mí también me gustan mucho!
—¡Qué bien! *¡Pues ven a mi casa, que tengo tres armarios llenos!*

¡CHISTES DE BARES Y RESTAURANTES!

¡VAYA BISTEC!

Un cliente llama al camarero y le dice, indignado:

—¡Camarero, llevo una hora tratando de cortar este bistec!

Y el camarero le responde:

—Señor, por eso no se preocupe, *¡este restaurante no cierra hasta medianoche!*

PARA ESO SOY EL CAMARERO...

Un señor está pidiendo la comida al camarero:

—Y el bistec, ¿cómo viene? ¿Solo?

—No, señor, *se lo voy a traer yo.*

PELOS

En un restaurante, un cliente exige ver al cocinero.

—¡He encontrado dos pelos en la sopa! —le dice al chef.

Y éste le responde:

—Ah, lo siento mucho, *¿cuántos deseaba?*

¿TODO A SU GUSTO?

En un restaurante, el camarero se acerca a un señor que acaba de terminar de comer:

—¿Cómo ha encontrado el filete el señor?

—¡Muy fácil! *¡Estaba debajo de las patatas...!*

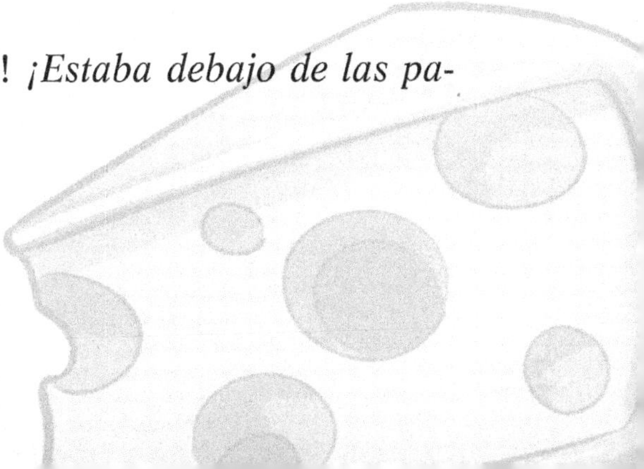

CONVERSACIÓN DE BAR

Un hombre entra en un bar y le pregunta el camarero:

—¿Qué desea?

—Pues lo que todo el mundo: la paz mundial, un mundo mejor, encontrar el amor verdadero...

—No, que qué quiere...

—Pues... un trabajo que me llene, una casita en el campo, una mujer que me quiera...

—No, ¡de beber!

—Ah, pues no sé, ¿qué hay?

—Pues nada, aquí, fregando vasos.

OBJETOS PERDIDOS

—¡Camarero, camarero! ¡Hay un pelo en mi sopa y no es mío!
—Ah, gracias, démelo, *que lo guardaremos por si viene alguien a reclamarlo.*

MOSCAS

—¡Camarero, hay una mosca en mi sopa!
—¡No se preocupe señor, *sabe nadar*!

¡CHISTES DEL COLE!

SI FUESES...

La profesora manda hacer una redacción que lleva por título "Qué harías si fueses millonario". Todos los niños se ponen a escribir salvo Pedrito, que permanece sentado mirando las musarañas, con la página en blanco.
La profesora le lanza una mirada furiosa y le dice:
—Pedrito, ¿por qué no has hecho nada?
—¡Porque eso es exactamente *lo que haría si fuese millonario*!

¿ME HE PERDIDO ALGO?

Una profesora le dice a su alumno:
—¡Pepito, tendrías que haber estado aquí a las ocho de la mañana!
—¿Por qué? *¿Qué ha pasado?*

RESPUESTA DE SENTIDO COMÚN

—¿Qué significa la señal de tráfico donde se ven dos niños corriendo?
—Significa: niños *saliendo* de la escuela.
—Pero también podría significar: niños *entrando* en la escuela, ¿no?
—No, porque los niños están... *¡corriendo!*

AUTOBÚS

—¿Has oído el chiste de Jaimito en el autobús?
—¡No, es que *me bajé en la parada anterior*!

MADERA

—José Luis, ¿podrías decirnos para qué sirve la madera?
—*¡Para hacer árboles, profesor!*

MÁS VERBOS

La profesora pregunta:

—Ana, ¿es correcto decir “Mi hermano *se ha sido* caído”?

—¡No! —responde Ana.

—Muy bien, Ana. ¿Por qué?

—Porque mi hermano no *se ha sido movido* de la silla.

¡BUEN EXAMEN!

La madre de Ricardito le pregunta cómo le ha ido el examen de historia, y él responde:

—Huy, mamá, creo que el profesor se ha quedado muy impresionado.

—¿Ah, sí? ¿Por qué?

—Porque cada vez que yo respondía, él alzaba la vista al cielo y decía: “*¡Increíble!*”.

¡PERO QUÉ VAGO!

Era un niño tan vago, tan vago, tan vago, que se levantó un lunes para estudiar el martes, pero como el miércoles vio que el jueves llovía, dijo el viernes: "¿Para qué voy a estudiar el sábado si el domingo es fiesta?".

CONCLUSIÓN

El profesor le dice a Jaimito:

—Presente: Yo ayuno, tú ayunas, él ayuna, nosotros ayunamos, vosotros ayunáis, ellos ayunan. Y ahora repite lo que acabo de decir.

Jaimito:

—*¡Que aquí no come ni Dios!*

DOS Y DOS

En clase:

—Clara, ¿cuántos son dos y dos?

—Pero, señorita, ¿cómo es posible que usted no lo sepa?

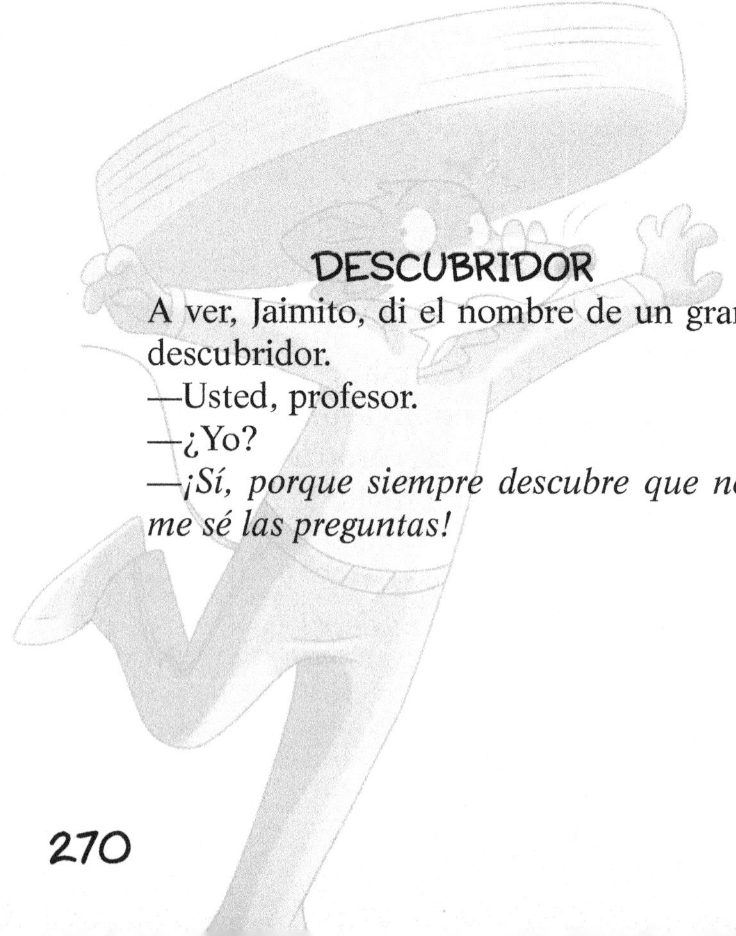

DESCUBRIDOR

A ver, Jaimito, di el nombre de un gran descubridor.

—Usted, profesor.

—¿Yo?

—¡Sí, porque siempre descubre que no me sé las preguntas!

EL ÚLTIMO CHISTE: UNO DE LOCOS

Dos locos están en un manicomio. Uno de ellos dibuja un círculo con una tiza y marca un punto en el centro. Después salta al interior del círculo. Permanece un rato allí y después vuelve a salir. El otro loco, que ha estado observándolo con interés, le pregunta:

—¿Qué haces?

—Es que me aburría en casa y he ido al centro.

—¡Ah, muy bien! ¿Podrías hacerme un favor? *La próxima vez que vayas al centro, ¿podrías echarme esta carta al buzón?*

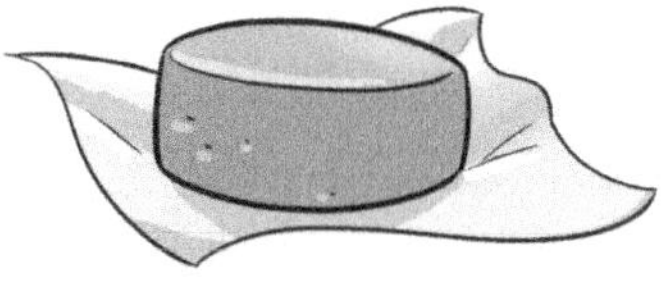